TaiShuKan
国語教育ライブラリー

「他者」を発見する国語の授業

高木まさき

大修館書店

はじめに

本書は、国語教育という営みを「他者」をキーワードとして読み直すことを目的としている。周知のように「他者」という語は、近年、あらゆる分野で用いられ、国語教育に関する研究でもしばしば目にするようになってきた。自分とは異質な存在との接触を避けて通れないという時代状況と、にもかかわらず、私たちがそういう存在との関わりを避ける傾向を強めているという危機感とが交差する地点から、「他者」という語は、たんなる流行を超えたものとして、私たちの前に立ち現れてきているように思われる。

とは言え、本書では、「他者」をめぐる膨大な議論自体を詳細に検討しているわけではない。それはもちろん、そういう力が私にないからでもあるが、本書では、「他者」という角度から国語教育という営みを見つめ直したとき、そこにどのような風景が見えてくるか、そしてそれが国語教育にどのような可能性をひらくのか、を見極めることに力点を置いているからでもある。「他者」という概念については、I—第3章で、ある程度原理的な検討を加えたが、あとは必要な限りにおいてこの語を用いただけであって、とくにこの語を用いずに論を進めた場合も少なくない。ただ国語の学習をする中で、異質なものをどこに見出し、それとどう「対話」し、そこに如何なる価値を見出すか、という問題意識において、本書は一貫しているはずである。

本書は大きく二つの部分からなっている。Ⅰは、「他者」、「対話」、「主体性」などをより正面から問題に据え、Ⅱは、それらが国語の授業に立ち現れる幾つかの局面を捉えて検討を加えた。以下、章立てに沿って、各章の論点を述べる。

Ⅰは3章からなる。第1章は、「他者」との関わりを希薄化させていく子どもや若者たちについて語られてきた近年の論考を整理し、これからの国語教育を考えるためのたたき台となる材料の提示を試みた。第2章は、「他者」との関係不全を象徴する「いじめ」という現象を、言葉の教育という角度から検討し、言葉の教育に関わる我々に如何なる取り組みが可能であるかを考察した。第3章は、「他者」という概念、及びそこから導かれる「創造性」や「主体性」の問題などについて原理的な検討を歴史的な視点も交えながら行った。本書の原理的な面での中核をなす章である。

Ⅱは6章からなる。まず第1章は、子どもと大人の説明文の読み方の違いを明らかにするとともに、「他者」としての子どもたちの読みに私たちが学ぶべきことは何かを検討した。第2章は、小学校の説明文教材をめぐってかつて行われた論争を手掛かりに、情報化社会を背景とした、読むことの限界と実験・観察することの意味について論じた。言語とそれでは掬いきれない存在（言語にとっては他者）との関係がポイントとなる。第3章は、ロジカルという語が本来「対話」的なものであることを確認し、論理的な表現力を育てるために「他者」を自覚的に位置付けていくことの必要性を論じた。第4章は、小学校のファンタジー教材「野の馬」を通して、「他者」的世界としての幻想世界に触れることの意味を考えた。第5章は、長く中学校や高校の詩教材とされてきた「夕焼け」を、同じ電車内の出来事を素材とした他作品と比較して読むとともに、行為する者とそれとは異質な原理に立つ見つめる者の立場を析出して、そこから文学教材を学習することの意味の一端について考察した。第6章では、主題指導とは何であったのか、またその有効性はどこにあるのか、種々の主題指導批判や主題観等を整理しつつ検討し、併せて主題指導と読み手の「主体性」の問題など、Ｉでの検討に通じる問題を考えた。

以上のように、本書は、国語教育に関わる様々な問題をある程度幅広く取り上げている。そのため、章を追うごとに論が積み重なっていくというよりも、それぞれの章が緩やかに関連し合うような構成になっている。したがって、どこから読んでいただいても不都合はないが、ただできれば、本書の原理的な面での中核となっているＩ―第3章は読み飛ばさないでいただきたいと思う。

新しい世紀は、社会のあらゆる領域が混迷する中で幕を開けた。そしてそれらの混迷の一因は「他者」との関係構築の不全から来るもののように思われる。本書は、そうした時代状況を国語教育という立場から受け止めようとしたささやかな試みである。

目次

目次

II 「他者」が国語の授業を変える

Ⅰ　子どもの日常と国語の授業をつなぐ

第1章　他者との関わりを希薄化させる子どもたち
――いままで語られてきたこと――

1　やさしさの変容

私たち日本人が「やさしさ」という心の働きをとても大切にしてきたことは、今井康夫の『アメリカ人と日本人』(1)という本を読むとよく分かる。本書は、通産官僚である氏が、ワシントンＤＣに三年間勤務した折りに、子どもが通っていたメリーランド州の小学校で使用されていた国語（Reading）の教科書に興味を持ち、その中の教材（一～六年生用、二〇九教材）と日本の教科書会社二社の教科書教材（各一～六年生用、合計二一一教材）とを比較し、そこに表れた価値観の違いをまとめたものである。

その調査に基づいて、氏は次のように言う。「心のやさしさとか、真心とか、相手の気持ちを考えてあげるということをテーマとする題材は、極めて日本的であ」り、「強い意志を持って自己主張する」アメリカ人に対して、「やさしくて、相手の気持ちを考え、自己犠牲を至上の徳とする」日本人の姿が浮かび上がってくる、と。氏が比較したのは、日米とも一九八八年版の教科書だが、「やさしさ」の取り上げ方は、現在も、そして過去もそれほど大きくは違わないだろう。

ところが、日本人が大切にしてきたはずのこの「やさしさ」という心の働きが、近年、少しずつ変容してきたと言われる。たとえば、社会学者の栗原彬は『やさしさの存在証明[2]』の中で次のように指摘する。

> やさしさは「自分の気分のよさ」と「ハピネス」を求める自己中心性の方に位相移動を起こして、ほとんど自他を傷つけないことの代用語になってしまっている。（略）本来のやさしさの原質をつくるべき、弱者、無力なものへの視点はすっぽり抜け落ちる。

この指摘がなされたのは一九八三年だが、一九九五年には、精神科医である大平健が『やさしさの精神病理[3]』という本を出し、栗原と類似した指摘をしている。大平は、やさしさには大人たちの古い「やさしさ」と若者たちの新しい〝やさしさ〟とがあり、両者には次のような違いがあると言う。

「やさしさ」が相手の気持ちを察する（略）のに対し〝やさしさ〟が相手の気持ちに立ち入らない（「どうして、その人たちが…と思っているか分かるんだよー」は今の若者たちの決まり文句）ことです。

両氏の指摘に共通するのは、やさしさという心の働きが、他者との深い関わりを前提とすることから、それを避けることへと変容した、という点である。

　このような変容は、たとえば次のような「やさしさ」観と比べてみると、いっそうはっきりする。一九六九年の全共闘運動に関わって大学を辞め、その後市民運動に身を投じていった哲学者の花崎皐平が、だいたい七一年頃の自分の考えとして述べた「やさしさ」観である。(4)

　無にひとしいものでありながら、自分とおなじ運命のもとに他人もまたおかれていることを、身につまされて感ずることができたら、そこに生まれる感情は、「やさしさ」と名づけられるだろう。つまり、「やさしさ」とは、疎外された社会的個人のありようを、共感という方法でとらえるときに生ずる感情である。このような感情を触媒にしてはじめて、人民相互の社会連帯が結晶となるのではないだろうか。

ところで、この「やさしさの変容」という現象に限らず、日本の子どもたちが他者との関わりを避ける傾向を強めているという指摘は別の観点からもなされている。(財)日本青少年研究所が一九九六年に日・米・中の高校生を対象にして実施した意識調査では、次のような結果が得られたという(『読売新聞』一九九七年四月一〇日)。たとえば「友だちとどの程度の付き合いをすればよいか」という質問に対して、「少ない友人との深い付き合い」を強く望む割合は、米国五七・九%、中国二六・八%、日本は二〇・四%。「表面的で大勢との付き合い」を強く望む割合は、米国一七・五%、日本は一二・九%。また「親友でも互いに干渉しないような付き合いをすべきだ」という項目について、それを肯定した割合は、米国三七・九%、日本は五一・七%であった。

この調査からは、日本の子どもたちが、他者との関わり方を著しく希薄化させている様子が浮かび上がってくるが、先に述べた「やさしさの変容」も、こうした現象のひとつの現れであったと考えてよいだろう。

ところで、以上のような状況は、教育課程審議会答申(一九九八年七月)において「伝え合う能力」の育成が謳われたことなどを契機に、「他者と対話すること」の意義をしばしば説くようになった国語教育にとっても無縁ではないはずだ。ところが、国語教育の立場から、先のような状況を分析したり、それとの関わりにおいて国語教育の在り方を検討したり、といった取り組みは未だ十分ではないように見受けられる。そこで以下では、他者との関わりを希薄化させる子どもたちの在り方に関わって語られてきたいくつかの論を、極めて不十分ではあるが、整理を試み、子どもたちの日常と国語の学習とをつなぐ議論のたたき台を提供してみたいと思う。なお、以下で取り上げる論考は、主に少年期から青年期にある者たちを対象としたもので、本章ではその対象者を総称して「子ども」と呼ぶことにする（文脈により、「若者」などの語と併用する場合もある）。

2　語らぬ対話の方法

この問題について考える上で、まず確認しておきたいことは、それが日本人の一種の習慣とでも言うべきものにも根ざしてるのではないか、ということである。たとえば、国語学者の細川英雄は、日本人に一種の信仰としてある「語らぬ対話の方法」ということが、我々に沈黙を強いていると言う[5]。

私たち日本人には、言語を超えて相手の心を知るという無言の了解こそが最上の相互理解だとする信仰がある。いわゆる以心伝心や腹芸と呼ばれる語らぬ対話の方法である。（略）

日本語には「心を汲む」「気持ちを察する」「相手の身になって考える」等の表現が散見する。こうした他者の内言を推し量り、推量する発想そのものが内言の外言化を阻むものである。つまり、ひとは外言化の以前に内言を先取られ、沈黙を強いられる。

言い換えれば、我々日本人が美徳としてきた「無言の了解」「語らぬ対話の方法」という一種の習慣が、私たちが言葉を発することを阻んでいるというのである。

むろんかつてのように、価値観を共有する成員からなる村落共同体中心の社会においては、それでよかったのであろう。だが、今日のように激しく流動化する社会では、言葉を介さなければ、他者と関わり合い、理解し合うことはむずかしい。だが、激しく変化する社会の中にあっても、旧来の習慣が生き続ける以上、他者との関わりだけが希薄化していくことは止められない。このように日本人のもつもともとの習慣、あるいは美意識のようなものが、問題の生ずる土壌にあると考えておくことは必要だと思う。

哲学者の中島義道は『〈対話〉のない社会』(6)の中で、教育が「思いやり」を優先するような社会では、「〈対話〉が成立しなくなり、みな他人への『思いやり』や『やさしさ』に押しつぶされ」る、と憤るが、そこにはこうした日本人の「語らぬ対話の方法」という習慣への強い苛立ちが感じられる。

3 挫折のあとで――一九七〇年代

しかしながら、このような土壌によってだけ、私たちは他者との関係を希薄化させてきた、と見るわけにはいかない。やはり、戦後の歴史と社会の状況の中にその要因を探ってみることも必要な作業であろう。

そこで歴史を遡ってみて、まず注目されるのは、一九七〇年代(昭和四五年以降)、つまり全共闘運動の挫折のあと、である。社会学者・桜井哲夫の『ことばを失った若者たち』[7]という本は、子どもや若者のコミュニケーション力の喪失を早くから取り上げた興味深い書物だが、その中で氏は、六〇年代から八〇年代にかけての若者文化を論じつつ、その過程で彼らが言葉を喪失していく様を追って、次のような指摘をしている。

あいまいな人間関係やあいまいな「ことば」を許さないという全共闘運動が暴力的なテロリズムへと自己解体していった後、社会を支配したのは、対立に対する極度の恐怖感だったのではなかっただろうか。おそらくそれは、かつてないほどの社会的な規制力として動き始めたように思われる。

一体化欲望（「甘え」）によって日本人同士では親密な人間関係がいとなまれているものと人びとは思いこんでいた。その社会に生じた亀裂としての学生叛乱を暴力的に処理した後に、日本社会は、かつてないほどに「対立」に対するアレルギー症状を呈し始めたように思われる。「もめごとを起こさない」、「問題を生まない」という規制が、学校を中心として社会につくりだされてゆく。

桜井は、さらに教師が休日に子どもを外へ連れ出すことがむずかしくなったのもこの頃だと指摘している。ふつうこれは、行政による管理体制強化の一例とされるが、その根底には、桜井が指摘するように、「学校」から「もめごと」「問題」「対立」の芽となる事柄を極力排除しようという時代の気分のようなものがあったということである。いずれにしても「対立」を極力避けようとすれば、異質な価値観をもつ他者同士の関わりは希薄化せざるを得ない。

ただし、当時、国立国語研究所員であった野元菊雄が『国語年鑑』に記しているところによれば、厳密には七〇年代に入る前からすでに「『対話』喪失」の時代は始まっていたと見る方がよいようだ。野元は一九六八年の「話しことば」の状況として、まず「大学問題」を取り上げ、「ここには、まったく対話はない」と断言している。[8] また倉澤栄吉も、同じ問題を取り上げて、そこに「対話を拒否する風潮」や「対話の危機」を見て嘆いている。[9] 運動が挫折する以前から、学生たちの多くは、他者との対話を強く拒否し始めていたのである。
それはともかく、そのような時代の雰囲気は、当時の若い作家たちによって描き出されていく。例えば、村上龍と村上春樹。前者は七六年に『限りなく透明に近いブルー』で、後者は七九年に『風の歌を聴け』でそれぞれデビューする。この両者について、評論家の三浦雅士は『主体の変容』の中で次のように言う。[10]まず村上龍について。

人間は他者との相互的なかかわりにおいて自己を形成してゆくといってよいが、ここ（『コインロッカー・ベイビーズ』。引用者注）には本来的な意味での他者とのかかわりはいっさい描かれていないといってよい。（略）

村上龍もまた暗黙のうちに自閉症と自分たちの時代とを重ね合わせているといってよい。時代が自閉を強いているというこのような認識は、しかしただ『コインロッカー・ベイビーズ』にのみ窺われるわけではない。いうまでもなく処女作『限りなく透明に近いブルー』も、また第二作『海の向こうで戦争が始まる』も、自閉を主題とし自閉を方法としているのだ。

村上春樹については以下のように言う。

伝えようとして伝えることができないこと、他者の心に達しようとして達することができないこと、村上春樹の作品のなかでそれは、主題というよりはほとんど前提になってしまっている。

（略）

（『風の歌を聴け』において　引用者注）その優しさは、「僕」が女の内面に決して踏み込もうとしないことに起因している。いうまでもなくそれは、「僕」が「僕」の内面に決して踏み込まない、少なくともそれをそれとしては決して語らないことに対応している。

七〇年代後半に登場して、今日まで高い人気を維持し続けてきたこの二人が、他者との関わりを絶った地点から、それぞれの世界を描き出していったことは、先の桜井らの指摘とも重なっていて興味深い。また、この少し前、七四年三月二九日には、『朝日新聞』が「自閉症の社会」と題した社説を掲げ、「あらゆる分野、階層、年代」に「自閉症的兆候」が見られると論じている。社会全体が他者との関わりを希薄化させているという認識が、広くなされていたのである。

4　戦争ののちに——もう一つの一九七〇年代

ただし、当然の事ながら、他者との関係が希薄化した要因については別の見方もあった。

たとえば、先の桜井も紹介しているが、七五年一〇月号の『思想の科学』に、三橋修の「『他人に迷惑をかけない』学生たち」という一文が掲載されている。そこでは、学生たちが「他人に迷惑をかけないようにして育てられて来た」と口をそろえて言うこと、また彼ら同士の言葉のやりとりは「ほとんど習慣的なやりとりにすぎない」ということを紹介しつつ、三橋は学生たちの親に目を向ける。

彼らの親は「十五年戦争をよく知っている世代」で、その時代は、軍隊や隣組、疎開など〝濃密な関係〟が強いられた時代であった。その彼らが戦後民主主義の中に個人として放り出されたときに「戦後民主主義のさし示す人と人との関係を生活の場で翻訳した」のが、子どもに向けて発せられた「他人に迷惑をかけるな」という言葉であったと言う。少々分かりにくい点もあるが、要するに、戦争中に身につけた集団をベースとした〝濃密な人間関係〟を維持する知恵を、個人をベースとした戦後社会での振る舞い方に翻訳した結果が「他人に迷惑をかけない」という「命題」になるということであろう。いずれにしても他人に迷惑をかけないためには、当然、他人との関わり方は希薄な方がよいに違いなく、言葉も習慣的で表面的なやりとりの方が安全だということになる。

桜井とは観点は異なるが、どちらがより妥当かと考えるのではなく、両者が相補的、相乗的に時代の雰囲気を醸成していったと考えてよいのではないか。

5　過剰さの中で——一九八〇年代

八〇年代に至って、さらに進んだ他者との関係の希薄さを「コミュニケーション不全症候群[11]」と名づけたのが、作家でありまた評論家でもある中島梓である。氏は、現代社会における人間や人間関係の過剰さへの一種の適応として、「他人のことが考えられない」というコミュニケーション不全の状態に、私たちは陥ったと考える。桜井が他者との関係が希薄化する理由を社会的な要因に求めたとすれば、中島は生物学的要因にそれを求めたとも言える。

それは必ずしも私たちの個体としての素質からきたものであるのではなく、むしろ、コミュニケーション不全症候群というかたちで私たちは現代という、適応不能が頂点に達した時代に適応しようとしているのではないかという気がする。もし私たちがかつてのもっとものごとがのどかであったころのように人と人とのコミュニケーションを重視し、完全なコミュニケーションを持とうという試みをつづけていたとしたら、私たちはとっくに全員が精神病で滅びることになっていたかもしれないのだ。

このように中島が、人間や人間関係の過剰さという事態に光を当てて、他者との関係の希薄化を説明しようとしたのに対し、社会学者の宮台真司は八〇年代における物の過剰さ、あるいは高度消費化社会という側面に着目して、そのことを説明しようとした。[12] 宮台は、とくに八〇年代半ば以降、経済的な豊かさと均質さとが極度に進む中でもたらされた「階層コード」による「コミュニケーションの手がかり不足」を、「サブカルチャー」＝本章の文脈では「物」、が補ったと見る。つまり、「自分や相手がどんな消費の〈物語〉にかかわっているのかを観察することによって、コミュニケーションの手がかりが得られるようになった」と言うのである。そういう中で「新人類」と呼ばれた若者たちは、「メディアによって学習したさまざまな〈物語〉を通じて〈世界〉を有意味化しつつ、同じ記号界の住人たちと、記号的なコミュニケーションをはじめ」、一方の「オタク」と呼ばれた若者たちは、「期待はずれの起きがちな対人関係から退却してメディア界に没入する一方で、同じメディア界の住人たちと、たとえば投稿欄やコミケットなどで匿名的なコミュニケーションをはじめる」。言い換えれば、均質な社会の中で、若者たちはあふれかえる「物」――それはメディアを通して〈物語〉が付着している、あるいは〈物語〉そのもの――を介してしか他者とコミュニケートできなくなったということである。

これはちょうど、先にも触れた大平健が、九〇年に刊行した『豊かさの精神病理[13]』の中で描き出した「〈モノ語り〉の人びと」の姿とも重なる。「〈モノ語り〉の人びと」とは、「モノを介在させたり、ヒトをモノのように扱うこと、つまり人づき合いのモノ化」した人々で、彼らは「モノ」を介することでコミュニケーションにおける「生の感情の衝突を避けようとする」人々である。彼らは、衝突や葛藤を生じかねない言葉を避け、過剰な「物」を介してしか他者との関係を維持できない。そしてこの言葉を介さない他者との関わりが極めて希薄なものにならざるをえないことは言うまでもない。そういう人々を大量に生み出していったのが八〇年代、田中康夫の『なんとなく、クリスタル』が新人賞を受賞した年を幕開けとするバブルの時代であった。バブルの中で、子どもや若者たちは、コミュニケートする相手を限定して、〈モノ語り〉を共有できるもの同士の小さな集まり、いわば「島宇宙」の住人へと孤立を深めていく。(14)

ちなみに、オタクという言葉を広く知らしめた宮崎勤による「連続幼女誘拐殺人事件」は、八八年から八九年にかけてのことであり、また八九年一月には、いわゆる「女子高生コンクリート詰め殺人事件」が起きている。ともに、犯罪を犯した若い加害者たちが他者とふつうの関わり方ができないことが話題となった。(15)

6　記号化する身体――一九九〇年代前半

さて、他者との関わりがますます希薄化したと言われる中で、次に指摘されたことは、存在の「記号化」、言い換えれば「内面の喪失」ということであった。とくに九〇年代前半は、そのことに関わって、女子高生をめぐる様々な問題が話題をよぶ。中でも注目されたのは、行政側の対応まで引き出した援助交際であろう。作家の村上龍は、援助交際をしている女子高生に取材して『ラブ&ポップトパーズII』[16]という小説を書いている。そこで注意をひくのは、主人公の少女が、性的な関わりをもつ相手として、恋人と見ず知らずの男との間に違いを見出せないでいることである。一般的に言えば、性的な関係を持つ相手は特別な存在、言い換えれば、内面的に深い交流のあることが前提であったはずだが、彼女には、一定の条件を満たしていれば両者を区別することができない。

そして、こうした生の在り方について、多くの人々が「内面の喪失」「身体の記号化」というような説明の仕方をしたのである。時間的には少し下るが、たとえば『AERA』には次のようなコメントが掲載されている。[17]最近「ニセモノの女子高生」が増えていると言われるが、その背景には次のような風潮がある。

「オヤジはあたしたちを年齢や学校、制服でしかみない。ナンパしてくる時だって、どんな子かなんて関係なくて、『コギャルっぽい女子高生』なら何でもいいと思ってる」(都立高校三年生)

という、超ステレオタイプの短絡オヤジがたくさんいるからだ。

彼らもまた、名刺の肩書きという属性でしか、社会とつながっていない。

このように、少女だけでなく、多くの人々が「内面」ではなく「肩書き」や「属性」でのみ関係をもとうとすること、つまり「記号化」された人間関係の中に生きているということが時代を象徴する在り方として指摘されたのである。

それは宮台真司がテレクラやブルセラ等に身を投じる女子高生について語ったこと[18]とほぼ同じである。

記号をロール（役割）といいかえてみればいい。あたかもタマネギのように、どこまで皮をむいてもロールであるような存在への脅迫。いずれにしても、彼女たちは役割の「こちら側」を――つまり役割をになっている「内面」を――消去しようとしている。役割の向こう側（相手の内面）や役割のこちら側（自分の内面）をいっさい問わないコミュニケーションへと、徹底的に「純化」したがっているのだ。

他にも社会学者の石塚省二の「数字やイメージ」が崇拝される「内実喪失」の時代という指摘[19]にも同様の捉え方を見ることができる。もともと社会的な存在である人間が役割から自由であるとは思えないが、ここでは、役割だけに人々の注意が集中していったことが問題視されたと見るべきだろう。

いずれにしても、存在をあたかも記号のごとくに扱い、人々が内面的なものを拒絶していたのだとすれば、当然、他者との関係は希薄化せざるをえない[20]。

そしてもし、そう考えてよいのなら、九〇年代前半を締めくくる年、すなわち一九九五年に、「戦争」の比喩を以て語られたという「阪神大震災」(一月一七日)と「地下鉄サリン事件」(三月二〇日)が起きたということは、ある意味で象徴的な出来事だったように思われる。大澤真幸によれば、この二つの事件が「戦争」として感じられたのは、そこに人々が「〈他者〉の不可解な攻撃的な意志を読み取ってしま」ったからだが[21]、しかし、他者を恐怖したのは、被害者や一般の人々だけではなかった。「サリン事件」を引き起こした当のオウム真理教の信者たちも、教団に敵対する他者を妄想し拒絶したのである。

7 言葉が衰弱する中で——一九九〇年代後半

九〇年代後半に入ると、日本の社会は、さらに二つの事件に翻弄されることになる。一つは、九七年の二月から三月にかけて、神戸市で起きた「小学生連続殺傷事件」、いま一つは九八年初頭に栃木県黒磯市で起きた「中学生のナイフによる教師殺害事件」とその後続発した同種の事件である。両事件については様々な観点から論じられたようだが、やはりコミュニケーションという観点からの論が多かったように思う。八〇年代～九〇年代前半にかけて、他者との関係が急速に希薄化していき、九〇年代後半は、ついには他者とコミュニケートする能力も術も失った子どもたちが、たまったストレスのはけ口を失い、凶悪な暴力の中にそれを見いだしていった時代だとする見方である。

社会経済学者の松原隆一郎は、「小学生連続殺傷事件」の数ヶ月後、事件の舞台となった神戸市須磨区の友が丘周辺を歩き、次のような感想を述べている。[22]

友が丘周辺は、（略）際立った特徴があるように感じた。駅周辺から離れると、自動販売機や喫茶店、市場やコンビニエンスストアなどがほとんど見当たらないのである。（略）住民の階層や職種も均質なのだろう。日本のニュータウンの典型にして優等生という印象だ。

代わりに目立つのが、街路の方々に立てられた看板の標語である。（略）「お父さん、お酒は家でお母さんと」、という文句も見える。（略）けれども悪所がまったく存在せず明るいだけの空間は、むしろ不健全ではないのか。（略）

都会の悪所には、その訓練のための装置として機能しているところがある。しかし性善説は、悪所を排除しようとするだけで、飼い馴らそうとしない。

松原は、均質化し悪所のない街が、悪を飼い慣らせなかったことに悲劇の一因を見出している。そして類似した指摘は、哲学者の中村雄二郎も行っている。[23] 中村は、戦後民主主義は「人間の愚かさとか危うさを排除して、建前がはびこるきれいごとの社会」をもたらしたとして、「自らの内なる悪と正面から向き合う」ことが必要だと説く。これはかつて、文化人類学者の山口昌男がその『文化の両義性[24]』の中で、文化は「混沌」を自らの内に「不可欠な部分」として保持し続けなければならないと指摘したことを想起させる。私たちの社会は本来、混沌＝他者を内に含んでいなければならないが、「郊外」とはそのようなものを排除し尽くした社会であり、その均質さ、つまり他者を排除し尽くしたとき、その社会には「悪」が奇怪な形で噴出することになる。「小学生連続殺傷事件」は、他者を排除し均質化した社会がもたらした悲劇だと見るのである。

実は、同様の指摘は、日本だけでなされていたわけではなかった。九九年四月に米コロラド州デンバー郊外のリトルトンでおきた高校生による「銃乱射事件」に関して、同年五月二日付ワシントンポスト紙は次のような記事を掲載した（『読売新聞』同年五月一八日夕刊より）。すなわち、銃乱射事件の起きたリトルトンは、高校もその周辺地域もどこを見ても「画一的」である。夜出かけるところはなく、高校生はバーにも入れない。何もすることのない町。そこには「郊外に特有の疎外感」しかない。「エニィタウン（どこにでもある町）」だが、実際は「ノータウン（町ではない町）」と呼んだ方がよい。そうした「画一的な世界の中で、他者との最低限度のつきあいしかなく、生徒が周囲や自分自身からも解離してしまい、紋切り型の無機質な空想が現実に取って代わることは想像に難くない」、と。

そして、この均質化した「郊外」というものについては、たとえば宮台のように、コミュニケーションとの関係から次のように見ることも可能であろう。[25]それは、「郊外」が「伝統的な地域共同体」とも、またライブハウスなど「隠れ家」のある都会とも違った、コミュニケーション・チャンスから「二重に阻害された」空間であり、子どもたちはそこで「居場所を失って宙づりになる」という見方である。つまり、「建前がはびこる」「郊外」において、子どもたちは、他者とコミュニケートする機会を奪われ、「悪」を飼い慣らす訓練も経ないまま、ストレスばかりを蓄積させていくことになる。もちろん、ここで「郊外」と言うのは、特定の地域だけを指すのではなく、日本中が「郊外化」されつつあったという状況を念頭に置いておく必要があろう。

一方、頻発した中学生によるナイフ事件もコミュニケーションという観点から説明されることが多かった。たとえば、精神科医の水島広子は、「摂食障害であれ、ナイフ事件であれ、そこに共通するものはコミュニケーション不全である」と言う。[26]つまり、自分のストレスを言語的に表現できないことによる問題行動と見るのである。

感情を適切な方法で表現し、他者と共有したり交渉したりしていくことがスムーズにできない場合、感情は消えてしまわずに蓄積され、不自然な形で爆発する。感情をいかに自然な形（通常は言語によって）で表現できるかというコミュニケーション能力が、その人の人生の質を決めると言っても過言ではなかろう。

いつの時代にも、言葉では表現しきれず、また言葉だけでは収まりのつかないストレスや感情の高ぶりはあったはずである。しかし、一連のナイフ事件では、子どもたちが「キレ」てしまう限界はすぐにやってきてしまったかのようである。つまり、他者とコミュニケートすることはすぐに放棄され、彼らはいともたやすくそれを排除していった。先の「小学生連続殺傷事件」の加害者をモデルとして小説『ゴールドラッシュ』[27]を書いた柳美里も、今どきの少年について次のように言っている。[28]

大人社会とのコンセントを抜いてしまっている少年が増えていると思うんです。彼らはコンセントを抜くように関係性を切ってしまって、人と人とがどう繋がっているのかがわからないでいる。（略）確かに大人社会から見ると全く不可解で、〝キレル〟としか言いようがないけれど、少年の側から見れば、大人社会こそが歪んで理解できないものとして写っている。

大人がキレル子どもたちを「不可解」なものとして見るように、子どもたちも大人を「不可解」な他者と見ており、そういう他者とのコミュニケーションを彼らは放棄していると言う。そのような子どもの姿を、神戸の事件や一連のナイフ事件から多くの人々が読み取っていたのである。[29]

そう考えると、ちょうどこの頃、子どもや若者たちの言葉の力が衰弱しているとの指摘が頻繁になされていたのも偶然ではないように見えてくる。たとえば、九七年一月九日の『朝日新聞』夕刊（「溶ける4」）では、氾濫する携帯電話やポケベルをめぐって次のようなコメントが紹介されている。「いまや人々にとって話の内容や意味より、どこでも、相手とつながっていることのほうが重要になってきた気がする」（吉見俊哉）、「この子たち（大学生　引用者注）に大切なのは、文字が表す意味ではなく、メッセージが表示されること、友達とつながっている、と確認できること」（山田登世子）、「彼ら（若者。引用者注）はことばに具体的な意味内容を期待していません。いや、楽しければ、意味はなくてもいいのです。」（米川明彦）など。また翌二月一七日の同紙夕刊では、今は「言葉を聴かない時代」で、「言葉を発信する方と受信する方の両方に力が欠け落ちてきて」いるという永六輔の言葉も紹介されている（「永六輔の世界1」）。

さらに評論家の加藤典洋は、大学で「言語表現法」の講義をしていた経験から、学生たちの書いた文章に「言葉からの浮遊、あるいは言葉からの自由、という新しい事態が生じてき」たと感じだしたのが「一九九〇年前後くらいから」だとしているが、[30]永たちが指摘することとも繋がりうる現象を九〇年頃から感じ取っていたということは、九〇年代という時代を特徴づける上で興味のひかれることである。ちなみに加藤によれば、文学の中に「そういう活断層がはじめて露頭した」のは、吉本ばななの『キッチン』(八八年)だったと言う。

他者との関わりが希薄化することと、言葉の力が衰弱することと、どちらが原因でどちらが結果であるのか。おそらくそういう問題の立て方はあまり意味がないのだろう。ただ、子どもや若者たちがコミュニケートする相手と手段のいずれをも見失った、その息苦しさ=生き苦しさだけは、私たちにも確かに感じ取ることができるように思う。

8 他者不在の果てに

ところで、現在(九〇年代末)の思想状況を戦前との類似性から捉えて、高い評価を得た『戦後の思想空間』(31)において、大澤真幸は、七〇年代初期までを理想の時代、つまり欠如があった時代(欠如があるから理想を求める)とし、それ以後は欠如不在の時代、九〇年代後半から現在にかけては、再び欠如の時代が訪れたとした。ただし、現在が欠如の時代であると言うのは、「欠如がまさに不在であるということに欠如を覚える段階」に至ったからである、と言う。これを、本章の文脈にそって別言すれば、均質さがあまねく行き渡った時代に至ったから、ということになろう。つまり、欠如があるうちは、その社会は均質ではあり得ないのだから。

では、こうした欠如の不在に欠如を覚えるような時代＝極度に社会が均質化した時代は、何をもたらすのか。大澤は、先の論の中で、『新世紀エヴァンゲリオン』というアニメ（テレビ版　九五〜九六年）を引き合いに出している。大澤の意図とは少し異なるかもしれないが、私もこの『エヴァ』のブームはある意味で象徴的だと思う。ありふれた見方だが、それは、主人公の少年がいつも自分探しに苦しんでいる、という点から、そう思うのである。「自分」という存在は、「他者」との関わりの中でしか輪郭を結ばない。したがって、欠如が不在であることに欠如感を覚えるほどに欠如のない社会、つまり極度に均質化した社会では、かつてないほど「他者」という存在は見えにくくなっているはずである。そうした社会の中にあって、子どもたちは、本来そういう年齢であるという以上に、「自分」というものの輪郭がつかめずに苦しんでいるのかもしれない。『エヴァ』の少年は、そうした時代の象徴と見ることもできるのではないか。

既に引用した中島義道も、他者との関係が希薄化していくことの果てに「自分」を喪失する悲劇を見て次のように述べている。(32)

自分が何を考えているのか、何を求めているのか、何をしたいのか、何を感じているのか、サッパリわからなくなっている。自分と「みんな」との区別がつかない生き方をえいえいと続け、それに疑問も覚えない。

他者との関係が希薄化することの本当の恐ろしさは、おそらく、このようなところにある。もちろん、こんなノッペリとした世界に私たちが耐えられるのなら、それでもよい。しかし、周知のごとく、多くの若者が宗教や自己啓発セミナーなどに参加して、自分探しに必死になっているという事実は、そういう世界に私たちが耐えられないことを雄弁に物語っている。

9　子どもの日常と国語の授業

以上は、様々な出来事、そしてそれらをめぐる諸家の論を、やや強引に、一つの流れの中に押し込みすぎたかもしれない。たとえば女子高生の売春などは、七〇年代にすでに問題化したことがあるようだし、中島梓が『ベストセラーの構造[33]』の中で若い人々の読みの力の衰えを指摘したのは八三年である。これらを考慮するなら、先とは少し違った見取り図が描けるかもしれない。あるいは、七〇年代から八〇年代への推移の中に、「より柔らかで、小規模な単位からなる組織」と「個人の顔の見える人間関係」が重視される社会への変化を読みとり、それとともに自我も「生産する自我」＝「硬質な自我」から「消費する自我」＝「ひかえめな自己主張を持つ自我」へと変容しつつあることを指摘した山崎正和の論[34]、また「情報化」こそが「自然収奪的でなく、他社会収奪的でないような仕方で、需要の無限空間を見出すこと」を「消費社会」に「はじめて可能とする」という見田宗介の指摘[35]等に寄り添うならば、先の見取り図は、より大きな構図の中のある局面にはめ込まれるのかもしれない。当然のことながら、事態は錯綜し、一面的ではないのである。だが、それを描き切ることはむずかしい。

また、評論家の大塚英志の次の言葉[36]は、時代との関わりの中で、いろいろな出来事を意味づけしすぎることの危険性を私たちに訴えかけてくる。氏は次のように言う。

神戸の小学生殺害事件の容疑者が十四歳の少年であったことに多くのマスコミや識者は驚愕を隠せない様子だが、一連の声明文と十四歳という年齢を考えあわせたとき、そこに輪郭を結ぶのは十四歳という大人と子供の境界の時間で急速に肥大する自意識に押しつぶされそうになるありふれた少年像ではないか。

そこで問題なのは、「そういったありふれた少年像がひどく見えにくくなっていた」ことである。たとえば援助交際する女子高生たちをめぐっても、彼女たちには「もはや『私』をめぐる問いなど成立しない」かのように語られた。だがそれは彼女たちに対する一種の「判断停止」ではなかったか。

かつての思春期の時の自分たちと同じように重すぎる「内面」を抱え、自分が自分であることをめぐって葛藤し、ひどく傷つき易い、そんなありふれた十代であることを一群の女子高生論はひどく見えにくくしていたし、大人たちの側も彼らの「内面」の問題と対峙することから勝手に免責してしまっていたのではないか。

私たち大人は、「流行の若者論やメディア論の向こう側で社会が見失ってしまった若い世代のありふれた、しかし真摯な『十四歳』をめぐる問題」にそろそろ立ち戻り、「現実の、生身の、そして心を持つ彼らと対峙すべきではないのか」。

この大塚の指摘を、私たちは大いに肝に銘じるべきだと思う。

だが、この文章を纏めている最中にも、私のごく身近で、そして近隣の学校で、かつてはそれほどなかったであろうような出来事が起きたりもしている。変わらない部分はもちろんあるにしても、そしてそれはとても大切なことだとは思うが、しかし何かが変わってきているとの実感もぬぐい去れない。

当たり前のことだが、国語の授業は、こうした時代状況と別の時空で営まれているわけではない。子どもたちが他者との関わりを避け、「対話」する言葉を喪失しつつあるとするならば、言葉を扱う国語の授業は、そうした問題を真正面から受け止め、彼らと問題を共有していく覚悟が必要であろう。だが、昭和四三年（一九六八）の学習指導要領の改訂以来、話しことばの教育が長く国語科の片隅に追いやられてきたこともあってか、私たちはそのような角度から国語の授業を構想することを怠ってきた。今日、言語技術の必要性を説く声が大きくなりつつあるが、そしてそれはとても大切なことだとは思うが、ただそれが子どもたちの日常と切り離されたところで、彼らに「伝え合う」技術の訓練を繰り返させるだけであるならば、そこからは依然として重要な問題がこぼれ落ちていくに違いない。

それが、不十分ながら、近年語られてきた諸家の論を整理し、今後の議論のための一つのたたき台を提供してみようと思った動機である。そして、濃淡の差はあっても、本書に一貫して流れる私の問題意識も、そこにある。

［注］

1　今井康夫『アメリカ人と日本人　教科書が語る「強い個人」と「やさしい一員」』創流出版　一九九〇年四月

2　栗原彬「やさしさの輪の物語」『言語生活』筑摩書房　一九八三年八月。ただし引用は『増補新版　やさし

さの存在証明　若者と制度のインターフェイス』（新曜社　一九九六年一〇月）による。

3　大平健『やさしさの精神病理』岩波書店　一九九五年九月。なお、日本人にとっての「やさしさ」とは何かという問題を、日本精神史という角度から考察したものとして、竹内整一の『日本人は「やさしい」のか――日本精神史入門』（筑摩書房　一九九七年七月）がある。同書は、古典から現代小説、現代詩、歌詞等まで幅広く取り上げて、「やさしさ」の変容する様とその基層として変わらない部分を描き出していて興味深い。

4　花崎皐平『生きる場の哲学』岩波書店　一九八一年二月

5　細川英雄「言語観と言語教育――日本語における母語と二次言語の比較から――」『金沢大学教養部論集人文科学篇』第二四巻第一号　一九八六年八月

6　中島義道『〈対話〉のない社会』ＰＨＰ研究所　一九九七年一一月

7　桜井哲夫『ことばを失った若者たち』講談社　一九八五年九月

8　野元菊雄「話しことば」『国語年鑑　昭和四四年版』一九六九年八月

9　倉澤栄吉『話しことばとその教育』新光閣書店　一九六九年九月

10　三浦雅士『主体の変容』中央公論社　一九八二年一二月

なお、七〇年代半ば頃から子どもたちをめぐる様々な変化を指摘する声は多い。たとえば「すぐ疲れると言う子が増えた」など、子どもの体がおかしいという指摘も、この頃に始まるようだ（「21世紀への医療ルネサンス　揺らぐ子どもたち」『読売新聞』一九九八年六月二四日）。また、私の調査では、高等学校の国語教科書教材の画一化もちょうどこの頃に進んでいる（拙稿「小説の古典教材と学習者との落差から創造する学習」『月刊国語教育』東京法令出版　一九九七年一二月）。大学入試におけるマークシート方式もこの頃からで、共通一次試験が開始されるのは一九七九年である。

11　中島梓『コミュニケーション不全症候群』筑摩書房　一九九一年八月
12　宮台真司『制服少女たちの選択』講談社　一九九四年一一月
13　大平健『豊かさの精神病理』岩波書店　一九九〇年六月
14　宮台真司『制服少女たちの選択』講談社　一九九四年一一月
15　「女子高生コンクリート詰め殺人事件」における加害者の少年たちのコミュニケーションに関わる問題については、佐瀬稔の『うちの子が、なぜ！　女子高生コンクリート詰め殺人事件』(草思社　一九九〇年一〇月）に詳しい。
16　村上龍『ラブ&ポップ　トパーズII』幻冬舎　一九九六年一一月
17　速水由紀子「ニセモノがバレたら…『なんちゃって』」『AERA』朝日新聞社　一九九七年二月二四日
18　宮台真司『制服少女たちの選択』講談社　一九九四年一一月
19　石塚省二『〈現在〉市民社会への社会哲学的考察』御茶の水書房　一九九五年一一月
20　人間の「内面の喪失」と「もの化」ということは、労働運動から見た資本主義社会下における人間像の一つの典型であったと思われる（たとえば、花崎皋平、前掲書。注4参照）が、そのことと八〇～九〇年代に進行したと言われる若者たちの「内面の喪失」や「モノ化」といった傾向との関係をどう見るか。かつての予言が的中したのか、それともそれとはまた別の事態が起きているのか、十分な検討が必要だと思う。
21　大澤真幸『虚構の時代の果て』筑摩書房　一九九六年六月
22　松原隆一郎「『優等生の街』の落とし穴」『読売新聞』　一九九七年七月一六日夕刊
23　中村雄二郎「自らの『内なる悪』と向き合う必要」『読売新聞』　一九九八年三月六日夕刊
24　山口昌男『文化の両義性』岩波書店　一九七五年五月

25　宮台真司『制服少女たちの選択』講談社　一九九四年一一月
26　水島広子「キレやすいのは大人の方だ」『朝日新聞』　一九九八年四月八日
27　柳美里『ゴールドラッシュ』新潮社　一九九八年一一月
28　柳美里「作家として社会に関わる　すべての十四歳の少年に共通するもの」『週刊読書人』　一九九八年一二月四日
29　本章では触れなかったが、子どもの変化を考える上では生活環境と子どもの体との関係も考える必要がある。その点に関しては、『読売新聞』の連載「21世紀への医療ルネサンス　揺らぐ子どもたち」（一九九八年六月）がある程度参考になる。とくに、六月一三、一四、一九、二四日の記事は「キレる」子どもたちの問題に直接関わっていて興味深い。
30　加藤典洋『言語表現法講義』岩波書店　一九九六年一〇月
31　大澤真幸『戦後の思想空間』筑摩新書　一九九八年七月
32　中島義道『〈対話〉のない社会』ＰＨＰ研究所　一九九七年一一月
33　中島梓『ベストセラーの構造』講談社　一九八三年一二月
34　山崎正和『柔らかい個人主義の誕生　消費社会の美学』中央公論社　一九八四年五月
35　見田宗介『現代社会の理論――情報化・消費化社会の現在と未来――』岩波書店　一九九六年一〇月
36　大塚英志「実像が見えない若者論」『読売新聞』　一九九七年七月二日夕刊

第2章　いじめと言葉の教育

1　ある光景

いじめ、という言葉は、いつも私にある光景を思い出させる。

私が中学生の頃、あるひとりの少女が、みんなから、とくに男子から汚がられ、いじめられていた。見た目には汚いところなどどこにもない少女だった。その少女は、いじめられながらもいつも笑顔を絶やさなかったが、それがかえってよくなかったのか、いじめは三年間、絶えることがなかった。だが、三年生になったある日、別の少女が、その少女をからかう男子たちを前にして、大声で「いいかげんにしなさいよ！」と叫んだ。その声に、少女をからかっていた男子たちはしゅんとなり、何も言わず教室へと引き上げていった。私自身は、クラスが違っていたこともあり、直接そのいじめに関わったつもりはなかったが、廊下でたまたま目にしたその光景に、自分も傍観者として荷担していたのだ、とはじめて気づいた。

その時であったかどうかは分からない。私は、彼女をいつも汚がっていた友人たちに、彼女はなぜ汚いのか、と尋ねてみたことがある。だが、誰も彼女がなぜ汚いのか知らなかった……。

その少女は、私の進学した高校の近隣の高校に入学した。高校生になった彼女は、オーケストラ部に入部したらしかった。ヴァイオリンを抱えて通学する彼女の姿は、アノこと、から解放されたこともあったのだろう、とても輝いて私には見えた。

そんなことを思い出しながら、次のような書き出しで、本章のもとになった文章を私は書いた。一九九六年四月のことである。

衝撃的な遺書を残して、愛知県の中学二年生がいじめを苦に自殺してから、ちょうど一年目の昨年十一月、新潟県でいじめを苦に中学一年生が、やはり遺書を残して自殺した。報道によれば、この中学生の通っていた中学では、自殺の一ヶ月程前に、いじめに関するアンケート調査や個人面談を行い、学校なりに、いじめ問題に取り組もうとしていた。むろん行政も、いじめとそれによる登校拒否や自殺があとをたたないことに警戒を強めていた。しかし、大人たちのこうした試行錯誤や焦りは、まるで別の世界の出来事であるかのように、悲劇はあとをたつ気配がない。

それから数年を経、様々な取り組みがなされたからだろうか、いじめは減少しつつあるという。文部省が発表した一九九八年度の問題行動調査によれば、いじめは前年度より一四・九％減少し、減少傾向が続いている（新聞各紙　一九九九年八月一四日）。

だが、それでもやはり、いじめ問題は解消したというわけではなく、依然として学校現場の大きな悩みの一つであることに変わりはない。一九九九年七月に発表された警察庁による前年一年間の自殺統計においても、不況とリストラに苦しむ中高年の自殺率の急上昇とともに、少年の自殺率も前年比五四％増となり、依然として「いじめ」が原因と断定しうる自殺も含まれている（『読売新聞』一九九九年七月二日）。また先の問題行動調査によれば、校内暴力自体は二五・七％増加しており、とくに器物損壊は四〇・九％の増。ヒトをいじめるのは何かとやっかいだから、モノに当たる、そんな子どもたちの姿が垣間見えるような気がする。

問題は、アノときから、なにも解決していないのである。

2 「言語生活」としてのいじめ

ところで前章では、他者との関わりを希薄化させる子どもたちの問題を扱った諸論を概括的に整理してみた。本章では、そこでは取り立てて触れなかった「いじめ」という問題について、言葉の教育という角度から考察を加えてみたいと思う。前章で述べたことと重なるが、従来、言葉の教育に携わる国語教育の関係者は、この問題を自らに課されたものとして十分に議論してきていない。だが、肉体的暴力の伴わない「いじめ」はあっても、無視することも含め、言葉の暴力の伴わない「いじめ」は考えにくい。それは、他者との「対話的関係」を著しく欠如させているという意味で、現代に生きる子どもたちの「言語生活」の一風景と見なすこともできる。その「言語生活」について、桑原隆は次のように述べている。[1]

言葉を学習するということは、形式的な操作を学ぶことではない。個としての人間の成長であり、自己を変容させていくことでなくてはならない。自己の言語生活をいっそう豊かなものにし、時にはそれを厳しく律していくことでもある。主体の場、それが主体の言語生活であり、その場を離れて言葉の学習は成立しない。(略)

「言語生活」という概念は、日常生活の実用的レベルだけで問題にされてはならないであろう。実用的機能だけでなく、考えるという主体の働き、認識するという主体の働きに支えられた言語生活でなくてはならない。

このように、「言語生活」の射程を、言語の形式的な運用面だけでなく、人間の精神活動の深層にまで及ぶものと考えるならば、他者との「対話的関係」の欠如と深く関わっている「いじめ」という現象は、子どもたちの「言語生活」の一断面と見なすことができるのではないだろうか。

だがもちろん、そのような見方をすれば、問題が直ちに解決されるなどと言いたいわけではない。ただ、あらゆる角度からのアプローチが望まれる子どもたちをめぐる問題に対して、言葉の教育に携わる私たちが正面から向き合える通路を一つは確保しておきたいと思うのである。そしてもしかしたら、そうするところからこそ、国語ぎらいを大量に生みだしてしまった国語科が、自らを再構築していくための手がかりを得ることができるかもしれない。

3　いじめの精神構造

いじめ、それに起因する登校拒否。そして自殺。これらの報道は、その加害者の残酷さと被害者の悲痛さだけでなく、親や教師を含めた周囲の人々の冷淡さにも胸を痛めることが多い。もちろん個々の状況はさまざまで、軽々しく一般化することは慎まなければならないが、とりあえず、いじめが原因で登校拒否に陥った子どもたちが書いた文章を集めた『私の登校拒否』[2]から、いくつかの事例を取り上げ、この問題の検討を始めたい。

『私の登校拒否』によれば、いじめの理由は、やはり、理不尽なことが多い。ある子は、体質的な問題から汚がられるようになり、物を盗まれたり、机などに「死ね」「消えろ」「ぶっ殺すぞ」などと落書きされ続けた。またある子は、身体的特徴を同級生にからかわれ、親に「学校に行きたくない！」と訴えるが、親は「義務教育なんだから！　お父さんやお母さんがこまる！」と耳を傾けてくれない。このように、いじめは子どもだけの問題とは限らない。親が自分の立場だけを考えると、いじめに荷担するような結果を招く。この点では教師も例外ではない。体育祭の練習でダンスがうまく踊れなかったある子は、学校をサボるからだ、と教師に責められ、「学年の癌細胞」とまで呼ばれる。

これらは、被害者の一方的な発言であるし、詳しい事情も判然とはしない。だが、その後のいじめに関する報道や私自身の見聞などからしても、これらは必ずしも特殊な事例ではないように思われる。[3]それぞれにあったであろう事情を割り引くにしても、受け手の立場を少しでも思いやることができれば、決して発することの許されないはずの言葉である。

ところで、受け手の立場を思いやることができないという点では、もっと極端な事例を私たちは知っている。一九八九年一月、すでに一〇年以上前のことになってしまったが、東京都足立区で少年四人が女子高生を監禁暴行し殺害したいわゆる「女子高生コンクリート詰め殺人事件」である。そこで、この事件を取材して話題を呼んだ佐瀬稔の『うちの子が、なぜ！　女子高生コンクリート詰め殺人事件』(4)の中から、加害者の少年たちの言動や、それに関する著者や弁護人の発言を拾ってみよう。

まず、加害者の少年たちが、すでに心身ともに極限に達している被害者の扱いを相談する時の様子について、佐瀬は次のようにコメントしている。

真剣な相談ではない。もともと、彼らにはそのたぐいの会話を交わす習慣がない。面白いことを言い合ってたがいにウケを狙う。それだけだ。(略)現実には困り果てている。その感情を言葉にすると、ふざけた調子の作りごとになってしまう。実と虚の境界線をフラフラと行き来するだけ。

また、暴行の理由を、加害者の少年の一人が、「殴ったりするのが、なんか面白いというか……」と説明したことについて、「心理鑑定」は次のように述べた。

刹那的な面白さの追求は、自己の内的な興味・快感のみを追求していて、対象・他者の苦痛・状態に対する想像力を欠いている点で、『自己中心的』と言える。それはまた別の点から見れば、他者の心情を思いやる気持ちの〈隔離〉であり、自己にかかわる『未来』の意識の〈隔離〉でもある。将来自分がどうなるかという点は、ほとんど意識することなく、現在のやり方をゆきづまるまで続けることにもつながる。少年たちには、現在の気分や感覚があるだけで、将来を考えていない

さらに、弁護人は最終弁論で次のような事実を明らかにした。すなわち、加害者の少年以外に、合計すれば「十三人くらいの少年」が被害者に接触し、監禁の事実は少なくとも「数十人」、推定では「百人以上の少年が知っていた」。にもかかわらず、彼らは「大人社会への伝達を行っていない」。

以上に述べた事態は、とりあえず以下のようにまとめることができるだろう。すなわち、加害者の少年たちの言葉は、現実を認識したり、意味づけしたり、あるいは将来を見通したりすることのために働くのではなく、現実から遊離し、仲間内に共有される快感を増幅させるためにだけ機能する。そこでは、対象から明確な形では知覚しにくい「他者の心」などは、彼らの行動を統制することはない。また、周囲にいて、この事実を知っていた多くの少年たちも、被害者の状況や心を想像することがなかったか、あるいは、そうしたことからくる煩わしさや葛藤を避けていた。いずれに

しろ、この事件に直接間接に関わった少年たちは、「自己中心的」で、他者を思いやる能力や意志に欠けていた。

このように考えてみると、先のいじめの事例における加害者たちと、少女をコンクリート詰めにした少年たちとは、その周囲の者たちも含めて、類似した精神構造をもっていたように思われる。

4　単声化する言葉

そして、こうした事態を、言語の問題として捉えてみようというのが、本章の立場である。その点で参考にしたいのが、ミハイル・バフチンの言語論である。実は、いじめについてバフチンの理論を援用して論じた試みとして、坂元忠芳の「『対話』と文学教育[5]」、「現代の文学教育における応答性[6]」等があり、教えられる点も多い。しかし、氏の論考は、人格あるいは心の対話という角度からの検討であり、それを、より言語そのものの問題として捉え直してみようというのが、ここでのねらいである。

バフチンの言語論における最も重要なキーワードは「対話」である。これは、発話というものが、単にその送り手と受け手とが相互に情報の送受信を行うという意味だけでなく、発話の個性的な創造そのものも、実は「社会的な諸関係によって規定されている」ことを意味している。すなわち、発話は、それが生成される場の状況と、その主体が属する「共同体・集団の諸条件」などとの相互関係によって規定されたものであるというのである。(7) これを本章の問題意識に沿って言い直せば、本来、発話は、発話主体の純粋に個人的な価値観によってのみ構成されるのではなく、外部と「対話的関係」に置かれることによって、他の価値観からの影響で屈折させられる社会的な所産である、ということになる。バフチンの別のキーワードを用いるならば、発話とは、本来、複数の価値観を内に取り込んで構成されるという意味で「多声的」であり、したがって価値の対立による葛藤を内に孕んだものということになる。

そうした点から考えてみると、先にあげた加害者たちの言葉（発話）は、いずれも「多声性」が損なわれて「単声化」した言葉であったと見なされる。「いじめ」が行われる場合、その加害者のメンバーは、ある一面的な価値観によって生み出された言葉を被害者に浴びせかける。先に示した親や教師の言葉も、それぞれの立場からの一方的な価値観だけに支配されている。(8) また、「女子高生コンクリート詰め殺人事件」でも、加害者グループの言動は、自分たちにとって「面白い」か否かだけに左右されている。いずれの場合も加害者の言葉は、その受け手である被害者との間に「対話的関係」を結ぶことはない。しかも、加害者は当事者間の外部に存在する異質な価値の担い手も視野に入らず、それらとも「対話的関係」を築こうとはしていない。一方、「いじめ」や「コンクリート詰め殺人事件」の周囲にいた少年たちも、事実を知りながら、加害者に対して影響を与えるような言動を行わない。そこで、加害者の言葉は外部からの影響をいっさい受けないまま一層「単声化」し、それぞれの状況下における唯一の言葉として、その集団を支配し、猛威を振るう。冒頭で紹介した、私が目にした「いじめの光景」にも、このことは、そのまま当てはまる（むろん私自身、傍観者としていじめに荷担していたのであるが）。

ところで、このような「対話的関係」の希薄さは、現代に生きるごくふつうの人々の中にも広く見られることが、問題の根の深さを思わせる。前章でも紹介した精神科医の大平健は「人とつき合う際に、モノを介し、あるいはヒトをモノのように扱うことで、生の感情の衝突を避けようとする」人々の姿[9]や、今日のやさしさが「相手の気持ちに立ち入らない」ことを意味するようになり、人々が「人の悲しみや悔しさ」を思いやることを避ける姿[10]を描き出している。ここに描き出された人々は、他者を、心をもたないモノのように扱うこと、あるいはその心に立ち入らないこと、すなわち他者の価値観の侵入を許す「対話的関係」をもたないことによって、自分の心をガードし、自らの心に葛藤が生じることを避けようとしている人々である。友人だけでなく、親子、夫婦、恋人も例外ではない。彼らは、自己の内側、つまり、自分だけの価値的世界に閉じこもることによって、安らぎを維持しようとしているのである。

しかし、当然のことながら、このような生き方はとても危うい。それは、物があふれ、助け合うこともなく、誰もがその豊かさを享受できる平和な時代にしか許されないことであろうが、既にかげりが見えつつあるように、これからもそうした時代が続くとは限らない。しかも、彼らは葛藤の軽減に成功することによって、逆に「少々の葛藤でも自力で解決でき」なくなっており[11]、また、「やさしい人」たちは、「他人や自分が傷つくことには非常に敏感」でも、人が「すでに傷ついていることには妙に鈍感」で、しかも「死」を「今まで以上にやさしくなれる」状態と考えたりもする[12]。こうした精神構造は、いじめ等における加害者と被害者、および周囲の人々のそれと非常によく似ている。彼らは、心の葛藤を避けるために「他者」との「対話的関係」を絶ち、自己に閉じこもり、葛藤の場に置かれると解決の術を知らないのである。

5　教師の言葉

先にも少し触れたことだが、教師の言葉も、「対話的関係」の希薄さという点では例外ではない。この点について、近藤邦夫の『教師と子どもの関係づくり――学校の臨床心理学』[13]は、たいへん興味深い材料を提供してくれる。たとえば、「教育目標」を掲げて子どもを指導するという教師としてはごく当然の役割の中に、その要請に応えられない子どもたちを「影」の存在に追いやり、彼らの言葉に静かに耳を傾けるということから教師を遠ざける原因がひそんでいるということ、また、教師が子どもをとらえる視点は「悲しくなるほど画一的で貧弱」であることなどを、興味深い事例やデータをもとに論じている。

そしてここで指摘されている問題も、やはり言葉の問題として捉え直すことができる。教師は、主体的な学習態度を身につけさせるため、あるいは入試に合格させるためなどと、とにかく一定の教育目標の下に子どもたちを指導しようとする。これは当然のこととも言える。しかし、こうした教育目標だけが教師の中で絶対化されると、教師は、その視点だけから子どもを捉える傾向が強くなる。それぞれに個性をもった子どもたち、また多様な価値の存在する社会など、異質な価値の存在を見失い、それらとの「対話的関係」を喪失していく。教育目標というある特定の価値観にのみ支配された教師の言葉は、こうして「単声化」する。決して特別な状況下ではなく、ごくありふれた日常の中で、教師の言葉から異質な価値との葛藤が消えていくのである。そして、この傾向が極端に進んだとき、教師の言葉との間に葛藤を生み出すような言葉を発する者たち（子どもたち）は、排除の対象となる。しかも今日の状況をより不幸なものにしているのは、本来、別の原理によって成り立つはずの家庭や社会までもが、学校と同質の言葉に支配されていることである。やや誇張して言えば、学校で排除された者は、その外でも同質の言葉を浴びせられ、排除されていく。

6　「対話的関係」の構築

以上のような状況にあって、言葉の教育に携わる私たちにできることは何か。それはおそらく、言葉に「多声性」を回復するための手だてを講じることであろう。では具体的にはどうすればよいのか。

まず、特定の社会状況や教育行政、そして集団教育を余儀なくされる学校によって仮構された教育目標だけに縛られないような目を、私たち個々の教師が失わないよう努力することである。子どもたちとの「対話的関係」の維持にこころがけ、ときには教育目標自体を相対化していくことも必要であろう。たとえば、教室や職員室以外の場を設けて、指導という観点からでなく、子どもたちと文字通り対等に「対話」する中で、日頃の教育的な営みを相対化しつつ、子どもと教師、子ども同士の関係を再構築しようとする試みも行われている（『朝日新聞』一九九六年一月五日）。

こうした授業以外の積み重ねが、授業にもよい影響を及ぼすことは間違いない。だが、授業そのものにおいてそのような姿勢を維持することの方が、学校という場にとっては、より重要なことであろう。特に国語科の授業は、本来、はっきりとした正解や不正解からは比較的自由なはずであるから、子どもと教師、そして子ども同士の「対話的関係」の構築はより行いやすく、また必要でもある。

では国語科において、「対話的関係」の構築は具体的にはいかになされうるか。今日、国語科では、個性尊重の立場から、個別学習やグループ学習など個に応じた学習指導の試みが盛んである。これらは、教師の側から一定の価値を学習者に押しつけすぎたことへの歴史的反省として評価すべきことである。しかしながら、このことが、教室の中に異質な価値がバラバラに存在することの許容を意味するだけなら、これまで教室を教師の単声化した言葉が支配してきたことにかわって、今度は、孤立した子どもたちの単声化した言葉が教室をおおうだけである。したがって問題は、異質な価値に支えられた子どもたちの言葉を、どう「対話的関係」に組み込んでいくかである。

この点については、日本文学協会が「『対話』をひらく文学教育」というテーマで研究を重ねてきていて参考になる。その中の貴重な成果の一つに須貝千里の『〈対話〉をひらく文学教育——境界認識の成立』(14)がある。そこにはたとえば、学習者自身を題材とした詩や小説を書かせ、その作品やそれに対する感想を授業で読み合うことにより、「対話的関係」を構築しようとした実践がある。学習者自身の言葉を教材化して教材自体を対話性豊かなものとし、そのことによって個々の学習者の内的対話や学習者相互の対話を活性化しようというのである。もちろん、このような場面では教師の特権性はうすれ、教師の関わり方もより一個人としてのそれに近くなる。

また都立の総合制高校の授業の中から生み出された藤森裕治による次のような実践も注目される。それは「詩」の学習指導をもとにした「あきらめる授業」という提案である。[15] 氏は、「教師が学習材として用意した詩を、すべての学習者に『詩』として認識させること」「詩をめぐることばへの感動を、すべての学習者にもとめようとすること」「学習活動を統一的に展開すること」などを「あきらめ」る。そして、「わたしが『詩』を感じるとき」という単元を組織して、学習者、教師が、対等に、それぞれ「詩」を感じるとき、「詩」との出会いを語り合い、言語体験を共有し合った。

これらがそうであるように、「対話性」回復の試みは、多くの場合、文学の授業の中で行われてきた。だが、そうした試みは、おそらく、文学の授業においてのみ可能なわけではない。詳しくはII―第1章に譲るが、説明文の学習においても、それは可能である。説明文の読みにおいても、目標への道筋から逸脱したかに見える学習者の様々な読みが、単元の目標や教師の意図を超えて、それらを相対化する重要な問題を提起する場合がある。逸脱した（かに思われる）学習者の読み（言葉）を片隅に追いやるのではなく、むしろ、そこにこそ教材として光を当て、その意味を問うことによって、教師をも巻き込んだ「対話」の場が実現するのであり、子どもたち自身も納得しうる、より豊かな読みもひらかれるのである。

だが、言うまでもないことだが、こうしたことは、たんに文学教材や説明文教材の読みを豊かなものにする、というだけではない。他者に向けて言葉を発し、受け取ること、言い換えれば「対話」

することそれ自体の価値を、子どもたち自身に確認させる効果がある。授業は、たんに既成の知識や技術等を切り売りする場ではなく、自分の言葉が力をもつこと、言葉を交わすことに意味のあること、それらを、子どもたちに実感させることのできる場へと高められなければならない。

以上のように、国語の学習とは一見無縁に見える「いじめ」の問題も、実は、日々の国語の学習と別のことではない。むしろ、そのような地点から構想することによってこそ、国語の授業は活性化し、真に学習者の言語生活を豊かなものにしていくことができるのではないだろうか。

［注］

1　桑原隆『言語生活者を育てる』東洋館出版社　一九九六年四月
2　近代文芸社編『私の登校拒否』近代文芸社　一九九五年一一月
3　「進研ゼミ」中学講座編『学校で起こっていること』（ベネッセコーポレーション　一九九七年一月）には、受験雑誌に寄せられた「いじめ」に対する悲痛な叫びが集められていて話題を呼んだが、それらの事例も、本章に取り上げた事例と同質のものが多い。
4　佐瀬稔『うちの子が、なぜ！　女子高生コンクリート詰め殺人事件』草思社　一九九〇年一〇月
5　坂元忠芳「『対話』と文学教育」『日本文学』第三八巻第七号　日本文学協会編　一九八九年七月

6　坂元忠芳「現代の文学教育における応答性」『日本文学』第四四巻第八号　日本文学協会編　一九九五年八月

7　ミハイル・バフチン　『言語と文化の記号論』北岡誠司訳　新時代社　一九八〇年一〇月

8　やや、視点は異なるが、一面的な価値観といじめとの関係で興味深い指摘が、霊長類研究者の正高信男『いじめを許す心理』（岩波書店　一九九八年二月）によってなされている。氏の調査によれば、いじめの発生率はクラスの傍観者の比率に比例するが、その傍観者の母親の専業主婦率は非傍観者の母親のそれの二倍半に達する。しかも傍観者の「自分の意志決定」が母親もそうするであろうとの根拠による場合が、父親を根拠とする場合の倍以上である。非傍観者においては、自己の意志決定の際のそうした父母の差はない。つまり、いじめを許す傍観者たちは、母親と価値観を共有する割合が高く、その意味でも、一面的な価値観に支配されやすい傾向は明らかである。

また多少事件の質は異なるが、二〇〇〇年早々に起きた京都小学二年生殺害事件の犯人（二一歳）、そして新潟県柏崎市の少女誘拐監禁事件の犯人（三七歳）も、ともにその背景に、母親と息子が密着しすぎる〝母子カプセル〟という状況のあったことが指摘されており（「引き金は〝母子カプセル〟内の大喧嘩」『週刊読売』二〇〇〇年二月二七日）、日本の子ども問題と母親の在り方との関係の深さを思わせる。むろん問われるべきは、母親たちだけでなく、母親をそのようなところに置くような仕組みをもつ社会全体である。

なおこの点に関わって、以下の二著は興味深い。一つは河合隼雄の『母性社会日本の病理』（中央公論社　一九七六年）で、日本の子どもの抱える問題の根元に、「母性的な倫理」＝「場の倫理」の強い支配のあることを指摘している。いま一つは、江藤淳の代表的な評論『成熟と喪失——〝母〟の崩壊——』（河出書房新社　一九六七年）で、近代日本、とりわけ戦後の日本における、母と子、とくに男子との深い関わりとその崩壊する様が描き出されている。前者では、母性は、全てを包み込むが、しかし場の外のものに対しては何をしてもかまわないという心性を育むこと、後者では、近代における学校教育が「父」を「恥づかしい」存在へと貶め、そう感じる母と子は価値観を共有し、そのため子の背後にはつねに「『母』の影がついてまわる」というメカニズムを描き出したことなど、先の正高の指摘とともに、価値の一面化といじめとの関係について考える本章の論述にとって示唆に富む重要な指摘を含んでいる。

9　大平健『豊かさの精神病理』岩波書店　一九九〇年六月
10　大平健『やさしさの精神病理』岩波書店　一九九五年九月
11　大平健『豊かさの精神病理』岩波書店　一九九〇年六月
12　大平健『やさしさの精神病理』岩波書店　一九九五年九月
13　近藤邦夫『教師と子どもの関係づくり――学校の臨床心理学』東京大学出版会　一九九四年六月
14　須貝千里『〈対話〉をひらく文学教育――境界認識の成立』有精堂　一九八九年一二月
15　藤森裕治「あきらめる授業――『詩の授業』を中心に――」『月刊国語教育研究』№二八八　日本国語教育学会編　一九九六年四月

第3章　国語教育における「他者」と「主体性」

1　医療と国語教育

「安楽死」がひろく話題になったことがある。この安楽死に関わって行われたある対談で、科学史の研究者・小松美彦は、「他者」に関して次のような問題を投げかけている。[1] 医療では、医者にとっての患者の「他者性」とか、異質な他者との「共生関係」などということがよく言われる。だが、そこには「他者とか共生という一見美しい響きを持つ言葉によって覆い隠されてしまうもの」がある。安易に他者との共生などと言う前に、「共生の前提になる異質な他者ということの中身をもっと見つめていかなければいけない」。そして「異質な他者と出くわしたときに自分の先入観を確認すべきだろうし、もっとそこにこだわるべきだと思う」。

同じようなことが、国語教育の場合にも言えるように思う。一九九〇年代に入って、話しことばの教育が再び脚光を浴びる中で、私たち国語教育に携わる者は、しばしば「他者との対話」の重要性を口にしながら、他者の「中身」を吟味すること、言い換えれば「他者とはいったい何ものなのか」などといった問いは、ほとんど発してこなかった。たとえば田近洵一は、最も早くから「他者」の意義を明確に打ち出していた国語教育の研究者として注目されるが、氏の、近年発表された「他者」を国語学力論の中に明確に位置づけた貴重な試み[2]においても、「他者」と「相手」の違いなどは必ずしも明確ではない。だが、「他者」の正体がある程度つかめなければ、形としての「対話」はあっても、それが真に「他者との対話」となりえているか否かを見極めることはむずかしい。

そこで本章では、国語教育に携わる私たちが曖昧なまま口にしてきたこの「他者」とはいったい何ものなのか、そしてまた「他者との対話」は何を可能にするのか、などの点について考えていきたい。なお言うまでもないことだが、本書で用いられる「他者」という語は、以下の検討を踏まえたものである。

2　「他者」とは何ものか

ところで、「他者」をめぐっては、哲学や社会学、民俗学、心理学等ですでに膨大な議論がなされてきていて、正直に言えば、それらの全貌を整理する力を本章はもたない。ただ、次に示す、演出家の竹内敏晴が紹介したエピソード[3]は、「他者」というものの正体を比較的明快に描き出していると考えられるので、それを紹介することから検討を始めたい。

ヨーロッパのある高名な演劇の演出家が、来日の折りに、「前衛的な」訓練風景を公開した。「男と女とが、足の先だけでさわりあ」って、追いかけたり、引っこんだり、すねたり、なだめたりしながら「二人の関係」を浮かび上がらせるというようなレッスンである。これに感心した若い評論家が、そのことを氏に話したのだが、実は日本の演劇人はずっと以前からそれをやっていて、むしろその限界に気がついて苦しんでいた。というのも、それが、演技的感受性をもつ者同士であれば、たとえ創造的に発展しえたとしても、結局それは手なれた「身振りのパタン」にすぎぬということ、言葉を換えれば、その足先にふれ、現れるものが、「真に『他者』でありうるか」という疑問に突き当たっていたからである。

いわゆる商業的演劇は、その安定性の上にこそ成り立つ。つまりその相手は、「私」と共通の世界に棲むもの、いやむしろ、いわば「私」の投影であり、「私」の一部なのである。

いや「私」こそ相手の投影なのだろうか？

だが、現れるのが「他者」であったら？　自分には理解することのできぬ異形のもの、「私」

とは別の一つの「私」、「私」の感情やイメージの投影を拒絶して彼方に立つ一つの生きもの。「私」と「それ」との間には暗い淵がひらき、もはやそれは、安穏に思い込んでいた「人」とも言えぬものとしてさえ現象する。（略）

「他者」が現れた後、「私」に、「私」と「それ」との間に、予測もつかぬなにかが動く。火花が散る。それを私はドラマと呼ぼう。怖れと怒りと歓びとを孕んで。

ここには、ただの「相手」と真の「他者」との違いが明瞭にイメージ化されている。そして竹内は、後者との出会いをこそ「ドラマ」と呼ぶのである。

だが、ここに示された理解不能、予測不能な「他者」とは、理論的にはどのように説明されるのか。その点について、評論家の柄谷行人がその著『探究Ⅰ』[4]で論じた「他者」についての議論を参考に考えてみたい。

柄谷は、ウィトゲンシュタイン後期の「言語ゲーム」論とクリプキによるウィトゲンシュタインの読み[5]に触発されながら、「他者」についてこう論じている。

「《他者》とは、言語ゲーム（規則）を異にする者のこと」である。あるいは、他者とは「共同体」を異にする者と言うこともできる。この共同体という言葉を「共同性」と見なせば、「共同体は、いたるところに、多種多様にあり、《他者》もまたいたるところに出現する」ことになる。一方、「私」

をベースにして想定しうるような存在は「他者」ではない。それは「自己の『自己移入』であり『自我の変様態』なのであって、他者性をもっていない」。そしてこの他者性と向かい合うとき、「共同の規則なるものの危うさが露出する」。そういう「他者との対話だけが、対話とよばれるべきである」[6]。

つまり、両者に共通する「他者」像とは、パタンや規則を共有せず、むしろそうした共同性を危うくする存在であり、真の「ドラマ」や「対話」とはそうした存在との出会いの中でのみ可能になるという認識である。これは、明らかにコミュニケーション上の単なる「相手」とは一線を画する。さらに柄谷の「共同体は、いたるところに、多種多様にあり、《他者》もまたいたるところに出現する」という言葉を押し広げて考えるならば、「他者」とは、必ずしも固定的にのみ存在するわけではなく、誰もが、そしておそらくは自分自身も「他者」として立ち現れる瞬間があるはずであり、また様々な濃淡をもった「他者」も存在しうる、ということになろう。

考えてみれば当たり前のことのようだが、私たちはそのような点を曖昧なままにしてきた。だが、たとえば言葉の受け手をただの「相手」と捉えるときと、それを「他者」と捉えるときとでは、送り手の関わり方も異なったものになりうる。受け手を「他者」と考えるとき、そこでは、「私」とは異質な受け手の知識や欲求、あるいは彼が生を営む文脈などを様々に推し量ることを避けて通れなくなる。したがってまた「対話」ということにおいても、その形ではなく、中身こそが問われるようになるはずである。このように「他者」という認識は、私たちに言葉の使用をより自覚的な行為へと高める効果をもたらす。

３　創造の契機としての「他者」

しかし、「他者」という存在の価値は、そのようなところだけに止まらない。その一つは、先の竹内や柄谷の発言とも絡むこと、すなわち「他者」との対話が、新たなものの創造の契機となる、という点である。「他者」との出会いを、竹内が「ドラマ」と言い、柄谷が真の「対話」と呼んだのも、そこに創造の契機としての可能性を見出していたからだと思う。

既に述べたように、「他者」とは「パタン」や「規則」を共有しないもののことであるが、その「他者」と対話することが、なぜ創造の契機となりうるのか。ここでは、哲学者の小宮彰の「〈啓蒙〉の知と主体の問題[7]」という文章を参考に、言語表現における創造性について考えてみたい。

氏はそこで、主に「啓蒙の時代」と呼ばれたフランス一八世紀におけるルソーとディドロの決別の中に、現代思想へと流れ込む近代哲学の大きな分岐点のあったことを論じている。この分岐点とは、簡単に言えば、二人が決別した時期に、ルソーは人文科学や自然科学の基盤となる、現実の多様な人間のあり方を「廃棄」して得られる「客観的な知の基底的主体」としての人間「一般」を見出していたのに対し、ディドロは近代の知の枠組みには収まりきらず、二〇世紀後半の構造主義以降に注目されることになる、同型ではありえない認識主体、つまり、「他の主体との間に廃棄されえない差異をもつ〈他者〉」を見出していた、ということである。

ただし、ここで注目したいのは、そうした思想史上の見取り図ではなく、ディドロが、ルソーとは違って、人間一般には還元しえない差異をもつ「他者」をいかにして見出しえたか、という点である。小宮はこの点を説明するに当たって、ディドロが『盲人についての手紙』(一七四九年)で記述した盲目の数学者ソンダーソンのエピソードと、同じく『聾啞者についての手紙』(一七五一年)で述べた「目で見るクラヴサン」のエピソードを紹介する。前者では、ニュートンなどによって説明された宇宙の整然とした法則性が、数学者でありながら、現象そのものを見ることのできないソンダーソンには、とても受け入れがたいことであったという事実、後者では、「音楽を視覚的に楽しむため」に開発された「目で見るクラヴサン」を、聾啞者は「色彩記号の組み合わせによって、語や文に対応する意味を伝達しあうための装置」と理解し、そこからさらに「ヴァイオリンなどの楽器もまた、耳の聞こえる人々が思考を伝達しあうための一種の器官である」と推論するに至ったという事実が述べられている。つまり、ディドロは、障害をもつがゆえに、私たちとは違った仕方で事象を理解する人々の中に「他者」を見出していたのである。

そして小宮は、ディドロが、こうした「他者」の言語表現の中に、「同一の情報の単なる受け渡しにとどまらない創造の可能性」を見ていたと考える。ディドロは、盲目の数学者ソンダーソンの言語表現について次のように記している。(8)

彼（ソンダーソン。引用者注）の伝記を書いた人びとは、彼が巧妙な表現をふんだんに用いたことを伝えています。それはいかにもありそうなことです。（略）つまり、それは一つの感覚、たとえば触覚に固有な表現であり、同時に他の一つの感覚、たとえば視覚にとって比喩となる表現なのです。その結果、彼が話をする相手にとっては、二重の光明、つまり、表現のもつ直接の真実な光と、比喩のもつ反射光とが生まれるのです。

小宮は、このディドロの指摘について、先の文章の中で次のように解説する。

一方のもっていた知識が、何の変形も受けずに他方に移行しても、新たな意味は生じない。発話者とは別な主体のあり方と経験とをもち、それゆえ、異なる視点をもつ〈他者〉が、発話者自身とは異なった仕方でとらえなおすことによって、はじめて言語は創造的な過程でありうる。ディドロにおいて考察された盲人や聾唖者は、言語と認識における〈他者〉という創造的契機を告知する、絶対的な〈他者〉として登場している。

言い換えれば、視覚をもたず、我々とは規則を異にする盲人の表現は、たとえば触覚と視覚という異なる感覚器官において知覚される事象を、意外な仕方で類比的な関係に置く。そしてその関係が「二重の光明」を生み出し、今まで気づかれなかった「新たな意味」を創り出す。ディドロはそういう「他者」がもたらす事態に注目していたのであり、小宮はそれを「創造的契機」と呼んだのである。

ディドロがソンダーソンの具体的な言葉を伝えていないので、説明がやや抽象的で分かりにくくなってしまったが、これは、日本の伝統的な詩歌に比較的多く用いられるという「共感覚表現」に置き換えて考えてみれば分かりやすいように思う。たとえば、松尾芭蕉の有名な句に、

海暮れて鴨の声ほのかに白し　　貞享元年（一六八四年）「野ざらし紀行」

という句がある。ここでは聴覚によって把握されるべき「鴨の声」が視覚を表現する「白し」という言葉で言い表されている。いわゆる「共感覚表現」である。この表現は、通常の表現規則からは逸脱しており、その意味で「他者性」を帯びた表現と言うことができる（「海暮れてほのかに白し鴨の声」としなかった構成上の効果も大きいが、ここでは触れない）。そしてそのように、規則を逸脱し、聴覚と視覚という異なる領域の感覚を類比的な関係に置くことによって、たとえばたんに「寂し」な

ど言っただけでは表しきれない独特の情感や情景を創出することができる。言葉を換えれば、ある事態が共感覚表現を通して聴覚と視覚という「二重の光明」に照らし出されることによって、そこに、通常の表現では表せなかった「新たな意味」が「創造」されるのである。

ディドロが紹介した盲人や聾唖者は、感覚に障害をもつという点で、我々とは規則を異にする「他者」である。その「他者」の言語表現が私たちに「比喩」的表現として受け止められたとき、そこに「新たな意味」が生まれる。一方、鋭敏な感性をもった詩人は、自己の内側にあたかも「他者」を住まわせているかのように言葉を駆使し、感覚の領域を超えて「新たな意味」を創造する。このように、盲人・聾唖者と詩人とは、規則を逸脱した「他者的」言語表現をすることによって、そこに「新たな意味」を創造するという点で等価な言語操作をしたと見ることができるのである。

竹内が「異形のもの」との出会いを「ドラマ」と呼び、柄谷が「他者」との対話こそが真の「対話」だと述べたのは、そこに、以上のような創造のメカニズムが働く契機が隠されていると考えたからであろう。従来、私たちは「他者と対話」することの意義について論じるとき、そこには「他者理解」という側面により多く比重をかけてきたように思う。だが「他者と対話」することには、たんに他者を「理解」することを超えて、新たな意味や価値を「創造」するという働きのあることも視野に入れておかなければならない。そうでなければ、今日の流行語である「他者との共生」という言葉も、「私」の思い上がりの美名にすぎなくなる。「他者と対話」することとは、何よりも「私自身」にとって価値のある行為と考えなくてはならない。

4 「他者」と「主体性」

さて次に、「他者」をめぐる問題として考えてみたいのは、「他者」と「主体性」との関わりである。以下に述べるように、「主体性」[9]の成立には、「他者」という存在が不可欠だと考えられるが、それを一貫して重視してきたはずの戦後の国語教育の諸論の中に、「他者と主体性」の関係を明確に関連づけて論じたものは、後で触れる田近洵一を除いては、ほとんどないようだ。そのためもあってか、主体性をめぐる議論は錯綜し、そもそも「主体性」とはいかなる心的傾向・心的状態を指すのかさえ曖昧なままに今日に至っており、それに引きずられるようにして、「主体性」の育成を目指すという国語教育の実践も混乱を続けているように見受けられる。

たとえば、飛田多喜雄は「『主体性』とは、自発的能動性（行動の自律性と言ってもよい）と考える」[10]と言うが、これでは言葉の置き換えにすぎない。また、久米井束は『主体を創造する文学教育』[11]の中で、志賀直哉の「清兵衛とひょうたん」における清兵衛の生き方を主体的なものとして例に挙げているが、そこに描かれているのは何かにとりつかれた少年の姿であって、確立された主体の在り方などではない（だからこそ、彼はひょうたんの代わりになる絵を容易に見出せたし、ひょうたんを取り上げた教員と父親を怨む心も簡単に消えたのであろう）。

こうした中にあってもっとも重要であったと思われるのは、一九六五〜六六年にかけて、主に荒木繁と奥田靖雄との間で展開された文学作品の読みをめぐる「主観主義と客観主義」論争と呼ばれるものであろう。[12] いわゆる「問題意識喚起の文学教育」を提唱した荒木繁と教科研（教育科学研究会国語部会）の理論的支柱であった奥田靖雄との間で展開されたこの論争は、「他者」という概念を導入すれば、問題はいま少しクリアになったはずだが[13]（当時としてはそれは無理であったかもしれないが）、そのような整理が十分になされなかったため、同様の混乱が、今日の国語の授業にまで持ち越されてしまったように見受けられるのである。別言すれば、ここでの論点の一つは、「主体的」であることと「主観的」であることとの違いにあったと考えられるのだが、それが明確でないまま今日に至っているのである。

そこで、「他者」という概念を導入して、「主体性」と「主観性」との違いを検討して、いま少し問題をクリアにしてみたい。

ところで「他者」と「主体性」との関わりについて、早くから自覚的であったのはおそらく田近洵一だが、氏は、その『言語行動主体の形成[14]』の中で「主体的」であることについて次のように述べている。

真に「主体的」とは、人間の新しいよみがえりの過程において、きびしく自己批判・自己変革する主体のあり方のことであろう。（略）

それを可能にするのが、自己相対化の目である。私は、そのような目を獲得するためにもっとも重要かつ有効な働きをするのが、他者理解の行為だと考えている。（略）

では、他者理解とは何か。それは他者の文脈に沿って、自己の視座を転換し、そこに展開する論理を正確に受け止めたり、イメージを豊かに思いえがいたりすることによって、成り立つものである。（略）

主体とは、ア＝プリオリに存在するものではなく、他者とのかかわりの中で、常に生成・変革するものである。

このように、「主体」とは、「他者」との関わりにおいてはじめて存立可能なものであり、したがって「主体性」もまた「他者性」との関わりにおいてはじめて確保しうるものと考えるべきであろう。だが、この指摘は貴重ではあるが、「他者理解」と「主体性」とをつなぐその道筋については、いま少し分析的にそのメカニズムを検討しておく必要がある、というのがここでのねらいである。そこで、戦後、マルクス主義の領域を中心に展開された「主体性論争」の火付け役であった哲学者・梅本克己が、後にその論争と距離を置いて書いた「主体性の問題[15]」という文章を参考に、当面の問題を検討してみよう。

氏は、その中で「自然発生的」な「一揆」と革命に向かう「意識的」な「ストライキ」との違いを述べたレーニンの文章を引いて、次のような興味深い指摘をしている。

自然発生性そのものは、まだ対象変革の主体成立を約束するものではないのであって、状況によって強いられる絶望、その絶望を生み出す世界と自分との関連を根底的に対象化する認識は、その端初の形態としてはその状況の直接的制約の外にあるもの、そうした直接性に対して一定の距離設定が可能な視点に成立する。（略）自然発生性そのものは、どんな段階にあろうと、階級的主体性を成立させる意識性ではない。それは依然として主観性にとどまる。

つまり、「主体性」とは、世界と自分との間に形作られる状況を、「一定の距離設定」をして「対象化」する「意識」に支えられている。これに対し、「自然発生」的で状況との距離設定がなされない「直接性」のもとでは、行為は「主観的」なものにとどまる、というわけである。

では、この「一定の距離設定」のもとに状況を「対象化」する「意識」とは、いかなる内実をもつものか。それは具体的には、社会学者の大澤真幸が指摘する「二重の水準」における「選択」を可能にする意識(16)と同質のものであろうと思われる。氏によれば、ある行為が「主体的」だと感じられるのは、次のような場合であると言う。すなわち、ある行為を遂行しようとする場合、まず「何のために」という価値や目的のレベルにおいて「選択」が行われ、次いでその実現のための具体的な手段・方法のレベルにおいて「選択」が行われる。そしてこの「二重の水準」における「選択」がその行為者個人に帰せられるというような場合、その行為は「主体的」だと見なされる。簡単に言えば、目的と手段の「選択」が行為者主体の判断に基づく場合、それは「主体的」な行為と見なされる、というのである。

これを先の梅本の論と重ね合わせるならば、状況と「一定の距離」をとって、それを「対象化」しえたとき、主体は「意識的」に目的と手段とを「選択」することが可能になる。そういう状態を「主体的」と呼称し、もし、状況との距離がとれず「直接的」である場合、主体には「意識的」な「選択」は不可能で、そういう状態を「主観的」と呼ぶ、と説明できる。

以上のように「主体的」であることを捉え直した上で、私たちはさらに次の点に注目しなければならない。それは、「距離設定」と「意識性」とが可能にする「選択」には、つねに「他者」による「可能的選択肢」が伏在している、ということである。すなわち、ある主体が「主体的」にある行為を「選択」するということは、「他者」が選んだかもしれない「別の選択肢」が可能性として「意識」されていなければならない。そうでなければ、その選択はそもそも「選択」と呼ばれることはないし、ただ「自然発生的」＝「主観的」な行為と見なされるにすぎないだろう。その意味で「主体的」

であるということには、「他者」という存在が不可欠な要素として予め組み込まれている、と考えるべきなのである。そしてもちろん、この「他者の選択肢」を想定するためには、一度は「他者」の立場に立ってみるという「他者理解」の行為が不可欠であることは言うまでもない。田近が、「主体的」であるためには「自己の視座を転換し」て「他者理解」をすることが必要だと説いたのも、そのような文脈において理解すべきことであろう。

さて、以上のように問題を整理した上で、荒木と奥田の論争における一つの論点、すなわち今日の国語教育にまで持ち越された、読みにおける「主体性」と「主観性」の問題について、もう一度、考えてみよう。

荒木の立場は、読み手という存在に注意を集めたという点で、確かに「主体的」な読みの学習への窓を開く重要な役割を果たした。にもかかわらず、「問題意識喚起の文学教育」と呼ばれた氏の『万葉集』の学習指導[17]自体は、生徒たちが、抑圧された民衆、という観点からのみ万葉の世界を読み取っていたことから推測されるように、読み手の「主観」に強く支配されたものだったと言ってよいのではないだろうか。すなわち生徒たちは、『万葉集』という古代王朝期の貴族の歌とその貴族によって採集された歌々に、「他者」の世界を見る前に、盛んにストライキが行われた一九五〇年代という時代の文脈で一方的な色づけをしてしまっており、それは、万葉人という他者の「可能的選択肢」と向き合うことがなかったという意味で、「主観的」な読みに止まっていた、と見なされるのである。[18]

一方、奥田の読みの理論は、読み手の「主観」に陥ることを注意深く排除しようとした点では、作品という「他者」と対峙する可能性は開けていた。[19] しかし、一つの作品には一つの正しい読みしかないと考える奥田らの論の中では、一方的な「他者」の押しつけのみが行われ、読み手は他者の前で「私という他者」の選択肢を主張することはほとんど許されていない。その意味で、奥田の理論も、氏が批判したのとは別の意味ではあるが、やはり「主観主義」的なものであったと言うべきではないか。

たとえば、文教連（日本文学教育連盟）の横谷輝は、読みの基本的な原理については概ね奥田の論を支持しながらも、次のように述べている。[20]

読みにおける主観的なものと客観的なものとの矛盾は止揚しなければならない。だが、それは「よみ手の形象は作品がえがかれている客観的な形象に無限にちかづいていき、客観的なものになっていく」（奥田靖雄）というかたちで克服することができるかどうかには疑問がある。それをつきつめれば、文学作品への埋没になって客体と主体との正しい相互関係がうしなわれることになりはしないか。（略）

たしかに、文学作品の客観的な形象は「客観的事実」である。だが、そこにたどりつく過程が、正しいかどうかは教師の読みによってささえられる面が多い。そこに教師の主観的逸脱が生じないという保証はない。

奥田は、作品には正しく読み取られるべき「客観的」な内容や主題があると言っているが、それは教師が読み取る以外に方法はなく、真にそれが「客観的」なものであるということを証明する手だては原理的に存在しない。もちろんこの場合の教師の読みとは、ある特定の人物によるものというだけでなく、多くの教師たちによる研究成果も念頭に置かれているが、たとえそうだとしても、それはある特定の立場に立つ者たちの集合的な「主観」であることはまぬかれない。読みにおいて「客観的」であることが所詮幻想にすぎないとしても、それに近づく手だては異質な読みを突き合わせる以外にありえないが、一つの「主観」＝「選択肢」を正当と位置づけ、その前で他者（子ども）の「主観」＝「選択肢」を排除していく奥田の論は、「客観的」であろうとしてそれが果たせないだけでなく、結局は、氏が批判した「主観主義」に別の穴から落ち込んでいくものであったと言うほかないように思う。

さらにまた、こうした考え方の中では、互いに異質な学習者たちの読み＝「選択肢」は、到達点としての正しい読みを焦点とした遠近法の中でその位置が計られるだけで、それぞれが「可能的選択肢」として対話的な横の関係に置かれることはなく、多くはノイズとして退けられることになるはずである。だとすれば奥田の論は、読みの場から「他者の選択肢」と向き合う契機を二重に奪って、特定の「主観」のみを増幅させていく理論であった、ということになる。とすれば、それは、奥田らがもっとも忌避したはずの、戦前の読みの教育に酷似した面をもっていたとも言える。敢えて極端な言い方をするなら、戦前の読みの教育は確かにある特定の政治的立場を増幅させる面をもっていたが、戦後それに取って代わろうとした奥田らの理論も、その新たな装いにもかかわらず、ある主観のみを増幅するという枠組みは温存され、結果として、政治的立場のみが入れ替えられただけに終わった、ということである。

さてそれでは、今日の読みの教育はどうであろうか。しばらく前までは、奥田らの影響もあってか、教師が正しい読みと考えるものを、学習者に読み取らせることが大きな流れであった。だがそれが、結局、教師の「主観」の押しつけに陥りやすかったことは、以上に述べた通りである。そして今日、そうしたことへの反省として、「主体的な読みの指導」と称される実践が盛んである。しかしその中には、学習者個々の「主観」をただ羅列し、孤立させたままで終わる授業も少なくないようだ。むろん「主観的」な読みがいつも悪いわけではない。だが、「主体的」であることを標榜しながら、その内実が「主観的」でしかないというのでは困る。「主体的」読み手を育てようとするのであれば、これまで見てきたように、「他者」をどう位置付けるかが不可欠な問題となる。そのことを踏まえた上で、私たちは「主体的」なものを目指すか、敢えて「主観的」なものに止まるか、判断すべきだろう。(21)

5 「主体的」であることは可能か

ところで、以上のように、「主体的」であることが「他者」との関わりを不可欠なものとするならば、国語科について問う前に、私たちは、より根元的な問いを発してみる必要があったのかもしれない。それは、「他者」が不在と言われるこの国において、「主体的」であることは果たして可能か、という問いである。最後にこの点を検討してみよう。

一九九八年五月七日、解散したロックグループ「X JAPAN」の元ギタリストhideの告別式が築地本願寺で行われ、そこに二万五千人ものファンによる「茶髪の長い行列」ができたことに、世間の目が集まった。中でも社屋が告別式の会場に近かった朝日新聞は、翌日の「天声人語」で好意的な論評を加えた。「この日の若者たちの敬虔さ」、そして彼らが「ゴミ袋を持ち寄って、吸い殻を拾い缶を集め、きれいに行列の後片づけをした」ことなどを取り上げ、それらを「すてきな光景」だと賞賛し、「いい葬式だった」と締めくくったのである。

だが、この告別式と「天声人語」の論評とを、評論家の長山靖生は別の角度から眺め、批判した。(22)そこに見られたのは、ムラの掟に順応してきた以前からの日本人の姿ではなかったかと。

彼らは社会から逸脱し目立つことで自分の個性を主張する一方、仲間との共有性を切実に求めている。だから彼らはそれと分かる共通性を示しつつ(例えば黒服。天声人語では喪服としか見られなかったようだが。引用者注)、われわれの前に立っている。そこにあるのはムラの掟であり、秩序に順応する姿勢だ。(略)

大人からは異様と見える恰好をした若者が、自分が信じる(所属する)集団の規範には従順なのは、彼らの願望が「自分を、自分が思うとおりに受け入れて欲しい」という形を取っているためだ。ここには個性と集団の対立はなく、むしろその集団によってはじめて自己存在が確認されるのであり、日本的「世間」の構造にほかならない。

そして長山は、こうした若者の姿を、「主体性を欠いた黙々たる巡礼」と呼び、われわれ大人もまた同様であると指摘した。

ファンというものは、集団内の規範に縛られることをむしろ楽しんでいるようなところもあるだろうから、長山の批評はいささか穿ちすぎなのかもしれない。しかし、このような批評がなされるほどに、伝統的な価値観から自由になったかに見える若者たちが、依然として「主体性」を欠いた日本人的な在り方を引きずっているという認識は、決して奇異なものとは言えないように思う。

振り返ってみれば、近代に至って、「主体性」という概念が移入されて以来、私たち日本人はずっとこの問題に悩まされてきた。たとえば、高校の評論教材としても有名な「現代日本の開化」（一九一一年八月）において、漱石が日本の近代化は「外発的開化」にすぎないと指摘したことはその好例だが、鷗外や荷風、それに藤村なども、論じる角度は違っても、同様の問題領域を見出していたという点では共通していよう。また、戦前と戦後の二度にわたる「国民文学論争」においても「主体性」は重要なテーマであった。前者では、西欧文化に対する「寄生的知性」のあり方を評論家の浅野晃が問い[23]、後者では、新興の批評がイデオロギーの左右を問わず、結局、西欧をモデルとする「近代主義」にすぎないことを中国文学者の竹内好が問うた[24]。つまりこれらでは、ともに民族や文化における「主体性」の欠如が問題にされたのである。さらに先にも触れた、戦後まもなく行われた「主体性論争」は、梅本克己が歴史的「必然」と主体の「自由」の関係を問題にしたのがはじまりであった[25]。そして近年、先の主体性論争にならって「歴史主体論争」と名づけられた論争は[26]、評論家の加藤典洋が、戦後の憲法と天皇をめぐって生じた「ねじれ」が日本における「歴史形成の主体」の構築を妨げたと指摘したことに端を発している[27]。

これら個々の議論について、本稿は、その是非を論じる力をもたないが、しかし日本の近代がつねに「主体性」という問題に脅かされ続けてきたという事実だけは確認できよう。それは精神分析学者の岸田秀が「日本近代を精神分析する——精神分裂病としての日本近代[28]」などで描き出した「内的自己」と「外的自己」の分裂に苦しむ近代日本の姿とも重なって悲劇的ですらある。

だが、「主体性」の欠如が大きな問題として一般に自覚されたのが近代に至ってからであるとしても、その欠如自体が、そのときにわかに生じたということではないはずだ。問題として広く自覚されたのが近代になってからということであって、それ以前に、すでに日本人はそうした在り方の中で歴史を生きてきたはずである。

たとえば、「記紀神話」から抽出される発想様式に、日本の古代から「近代にいたる歴史意識の展開の諸様相の基底に執拗に流れつづけた、思考の枠組みをたずね」ようとした丸山真男の「歴史意識の『古層』[29]」は、そうした日本人的な在り方を根源にまで遡って追究しようとした試みであると読み解くことができよう。詳細は省くが、丸山は、記紀神話から、「なる」「つぎ」「いきほひ」の三語――それらをまとめて「つぎつぎになりゆくいきほひ」とも言う――で表わされる「原基的な範疇」を抽出し、それが、日本人の歴史意識を支配し続けてきた思考様式だと言う。そしてここから浮かび上がってくるのは、未来のあるべき社会に目標を置く進歩史観とはちがって、「目標」をもたない、生成増殖の「継起」、「無限の適応過程」としての歴史観である。俗な表現を用いるなら、〝なりゆきにまかせる〟という思考様式が、古来、日本では支配的であった、ということを、丸山は検証しようとしたのである。ただし丸山は、ここで「主体」という語を用いているわけではない。だが、〝なりゆきにまかせる〟という思考様式においては、「主体による作為」など信じられていないことは明らかだろう。

だが一方で、丸山は、こうした大きな歴史の流れの中にあって、わずかながら「主体による作為」という思考様式が歴史の表層に姿を現した瞬間をも見逃してはいない。先の論考よりもはやく、既に戦中に書かれた論考を集めた『日本政治思想史研究[30]』がそれである。同書の中核的な部分を簡略に述べるならば、朱子学から徂徠学への展開の中に、「秩序」の根拠が「天地自然」にあるとする思惟から、それが「主体的人間によって作為」されるべきだとする論理への展開を見出すことができる、ということになろう。しかし、この徂徠学の論理は、幕末の松陰などに流れ込む近代的な思考様式の嚆矢とはなったが、維新後は、「国家」に飲み尽くされ、先の「歴史意識の古層」を完全に突き崩すには至らなかった。つまり、ここでも丸山は、徂徠においてその萌芽が見られた「主体」という概念は、日本ではついに根付くことがなかったということを指摘しているのである。

そして、この丸山の論を踏まえて、柄谷行人は、そうした日本人的な在り方は、日本の「地政学的」位置関係によって宿命づけられたものであると論じた[31]。柄谷は、直接的には「歴史意識の『古層』」のみを引用しているが、「作為」等の用語を用いていることからすれば、氏の念頭に『日本政治思想史研究』があったことは確かであろう。

その柄谷は、丸山の論を踏まえつつも、「歴史的な古層」において「生成」＝「なる」の論理が優位なのは日本に限ったことではない、と言う。したがって柄谷の提示した中心的な問題は次のようになる。ではなぜ日本では、そうした「古層」が残ったのか。それについて柄谷は次のように考える。「どの地域でも、キリスト教・イスラム教・仏教といった『世界宗教』にいわば『去勢』されることによって『自己』が形成される」。もちろんこのことは、宗教に限らず、エジプトや中国、インドなどといった「帝国」の「文化的・政治的影響」を受けるときも同様であり、帝国の「周縁」地域は、それ以前のものが「徹底的に抑圧」されることによって「自己」が形成される。しかし、日本は、その「地政学的関係」により、徹底的な「抑圧」を受けることがなかった。この「地政学的関係」とは、「中国大陸―朝鮮半島―日本列島という配置から来る関係構造」を指す。この関係構造のために、「朝鮮」では異民族の絶え間ない侵入に対して「国家としての輪郭を作為的に保持しようとして」多くのエネルギーを費やしたが、そうした経験こそが「『主体』を強化してきた」。これに対し日本は、朝鮮半島と海とに守られ、直接的な「去勢」や「抑圧」がなかったため、「自らの輪郭を維持するためのエネルギーが消費されず」にすんだが、そのかわり、古来からの「生成的」な「社会」と作為的に「構築」すべき「国家」との区別があいまいなままに残り、「自己」（ここでは「主体」と同義。引用者注）というものも形成されなかった。そしてこの「自己」（主体）をもたないことが、外来の事物との間に「本質的な対決」を生まず、「外から何でも受け入れるが」、それらが「たんに空間的に『雑居』するだけ」の文化形態を生みだし、また一方では「あらゆる意志決定（構築）は、『いつのまにかそう成る』（生成）」という権力構造をもたらした。つまり、「責任の所在」がはっきりせず、「確固たる主体」をもたない、社会と人間の在り方である。「他者」の抑圧を受けない社会には、「主体性」は育まれない、というわけである。

さてもし、この柄谷の見方が妥当であるならば、果たして、日本人に「主体的であること」は可能なのであろうか。私たちは、しばしば子どもたちに「主体的であること」を求めるが、それはあまりにも無責任にすぎはしないだろうか。先に見た日本の社会の在り方が「地政学的」に決定づけられたものであるならば、私たちはそれを甘受するしかない、のではないか。

だが、柄谷のこの論をいま少し押し広げてみたとき、そこには次のような可能性もまた想定されうるはずである。すなわち、もし日本の社会の在り方が「地政学的」に決定づけられたものであるとするならば、「地政学的関係」が変われば状況も変わりうる、ということを意味する。したがってもし、以前とは比較にならぬほどに発達しつつある交通網や情報網が、「地政学的関係」から生じる距離をほとんど無化してしまうような事態に立ち至れば、日本の社会は、かつて経験したことのない「他者」からの「抑圧」に直接さらされることになる。事実、その兆候は、国家、社会、個人などあらゆるレベルにおいて既に起こりつつある。だとすれば、そのような状況下にあって、私たちは、好むと好まざるとにかかわらず、「自己」＝「主体」を形成せざるを得ないところに追い込まれている、のではないか。技術の革新は、民族の宿命とも見られた特性を変えるかもしれない。

もしそうであるならば、先に紹介した「茶髪の行列」をなした若者たちの姿も、また別の見方ができるように思われる。すなわち、今日のように「主体」の形成を強いられる社会とは、「抑圧」があまねく行き渡った社会でもある。そういう社会の中にあって、彼らは生きる苦しさを集団の掟に守られることで癒そうとしていたのではないか。それは旧来の日本人の在り方をただなぞっていたのではなく、新たな時代の中で葛藤する日本人の一つの姿ではなかったか、と。

このように、先の若者たちの姿を捉え直してみたとき、私たちは、さらに次のように考えてみることが求められているように思われる。すわなち、日本の教育は、「主体的であること」の必要性とそれがもたらす葛藤と、その両面を見据えていかなければならない。「主体性」が西欧から輸入された概念であることからも分かるように、それは近代における「進歩」の思想と強く結びついている。だがいま、そうした「進歩」の在り方が問われ、オルターナティヴな道が模索されつつある中で、「主体的であること」を至上の価値として無批判に教育の場に受け入れることが果たしてよいことか。近代化にある程度成功し、しかもそれとは異質な価値の世界（他者的な世界）をも保持し続け、それゆえにある種の生きにくさを感じつつある日本の社会。そこには、第三の価値を生み出す可能性が秘められているのではないか。そのように考えたとき、多くの問題を抱えて喘ぎ苦しんでいる個々の教室は、単に混迷した社会の縮図であることから、新たな価値を創出する先端的な実験の場へとその役割を大きく転換することができるのではないか。

［注］

1　小松美彦・市野川容孝「『死の自己決定権』をめぐって」『週刊読書人』一九九六年一一月一五日

2　田近洵一「国語学力論の地平をひらく――〈自立と共生〉の国語教育の確立のために――」田近洵一編著『国語教育の再生と創造』教育出版　一九九六年二月

3　竹内敏晴『ことばとからだの戦後史』筑摩書房　一九九七年二月

4　柄谷行人『探求Ⅰ』講談社　一九八六年一二月

5　ソール・A・クリプキ『ウィトゲンシュタインのパラドックス』（一九八二年）黒崎宏訳　産業図書　一九八三年一〇月

6　たとえば、赤坂憲雄（『異人論序説』筑摩書房　一九九二年八月）が文化人類学の立場から「異人」について次のように述べているのは、竹内や柄谷の言う「他者」に通じる。

社会集団にはそれぞれ、固有の私的なコード（＝規範）が内在化されている。その私的コードを理解し共有する者だけが、秩序の構成員としての資格を獲得し、外集団にたいして内集団（われわれの集団）を形成することができる。（略）内集団の私的コードから洩れた、あるいは排斥された諸要素（属性）である否定的アイデンティティを具現している他者こそが、その社会秩序にとっての〈異人〉である。〈異人〉とはだから、存在的に異質かつ奇異なものである、とも言える。

7　小宮彰「〈啓蒙〉の知と主体の問題――ディドロ、ルソー、エルヴェシウスの視界――」『新・岩波講座哲学15　哲学の展開　哲学の歴史2』岩波書店　一九八五年一一月

8　ドニ・ディドロ「盲人に関する手紙」『ディドロ著作集第1巻　哲学Ⅰ』法政大学出版局　一九七六年三月。ニコラス・ソンダーソンは生後一年足らずで失明し、後年、ケンブリッジ大学教授となった人物(ディドロ)。

なおディドロの比喩については、小宮彰「ディドロの比喩――『ダランベールの夢』読解の試み――」(『東京女子大学紀要「論集」』第三二巻第一号　一九八一年九月)に詳しく論じられている。
9　subject(ivity)の訳語として「主観性」「主体性」の二語が案出され、より認識的な側面に光が当てられる場合には「主観性」が、より行為的な側面に光が当てられる場合には「主体性」が、それぞれ用いられるという理解が多い。例えば大澤真幸『性愛と資本主義』(青土社　一九九六年七月)、酒井直樹『日本思想という問題　翻訳と主体』(岩波書店　一九九七年三月)など。特に後者はこの翻訳語の成立過程に哲学的な問題が現れてきてしまったという観点から詳細な論を展開している。また、「主観性」という言葉には、慣用的にはマイナスのニュアンスが付着しており、国語教育の諸論においても、そのような使われ方が一般的である。
10　飛田多喜雄『国語科教育方法論大系　7』明治図書　一九八四年九月
11　久米井束『主体を創造する文学教育』日本教図　一九六六年六月
12　荒木と奥田の論争については、田近洵一が『戦後国語教育問題史』(大修館書店　一九九一年一二月)の中で「『主観主義と客観主義』論争――読みの主体性と科学性への視点――」として整理している。本章もこれを参考にしている。なお管見によれば、この論点は、読むことは「自己を読む」ことだとする蘆田恵之助(『読み方教授』育英書院　一九一六年)や、解釈における「客観主義と主観主義」を論じた石山脩平(『教育的解釈学』賢文館　一九三五年)、「主観主義的読書指導批判」及び「客観主義的読書指導批判」を展開した西郷竹彦(「文芸教育の基本的課題」『西郷竹彦文芸教育著作集　第八巻』明治図書　一九七七年四月に収録。初出は西尾実編『文学教育』有信堂　一九六九年八月)、主体性と客観性がそれぞれ主体の内と外にあるという前提自体に問題があることを指摘した、磯貝英夫(「文学受容の主体性の問題」『文学・教育』No.4　明治図書　一九七一年五月)、近年では、安易な読者論的立場を批判した田中実(『小説の力』大修館書店　一九九六年二月、『読みのアナーキーを超えて』右文書院　一九九七年八月）、また文学教育に関する様々な理論が、大きくはこの二つの立場に分けられ、両者のバランスが大切であることを指摘した中村哲也（『「出口」論争・「冬景色」論争を再考する』明治図書　一九九九年一二月）等によって、繰り返し変奏されてきた主題と見ることができる。なお、荒木・奥田両氏の立場については、荒木「文学教育の原理・課題・方法」（『文学教育の理論』明治図書　一九七〇年九月。初出は「文学の授業――その原理・課題・方法について」和光学園国語研究サークル編『文学をどう教えるか』一九六五年一〇月　誠文堂新光社）、奥田「文学教育における主観主義（一）」（『教育国語』４　麦書房　一九六六年五月）、同（二）（同誌５　一九六六年八月）、同（三）（同誌７　一九六七年二月。ただしこれらは奥田『国語科の基礎』麦書房　一九七〇年二月に収録）等を参照のこと。

13　この論争は、太田正夫（「『文学教育における主観主義』について」『想像力と文学教育』三省堂　一九七一年九月）が指摘するように、運動論として理解すべき面が多く、両者の読みの理論は本質的にはそれほど違わない、と見ることもできる。しかし、本文で述べたように、「主体性」と「主観性」との差異を考える上では、両者の主張は、よい材料を提供してくれるものと思われる。

14　田近洵一『言語行動主体の形成　国語教育への視座』新光閣書店　一九七七年七月

15　梅本克己「主体性の問題」『岩波講座哲学Ⅲ　人間の哲学』岩波書店　一九六八年二月

16　大澤真幸『性愛と資本主義』青土社　一九九六年七月。ただし、ここで大澤は主体性＝主観性としている。その事情については注９に述べたが、大澤の使用する主体性＝主観性は、本章の文脈では主体性に当たると考えられる。

17　荒木繁「民族教育としての古典教育――『万葉集』を中心として――」（一九五三年、日本文学協会大会での報告)。ここでは『文学教育の理論』(明治図書　一九七〇年九月)にまとめられた同題の論文によった。

18　西郷竹彦が「主観主義的読書指導批判」(注12)という文章で以下のように述べていることは、本章の指摘と重なる。「すべてこれらの読み方(主観的な読み方。引用者注)は、読者のがわに自己流のある尺度、枠組みがあり、――主観があり――それから一切の文芸作品を画一的、固定的に読んでしまうことである。(略)このような主観的な読み方では、たとえいかなる異質なものをはらんだ文芸作品を読んだとしても、すべて自己同一化、同質化され、自己の色とおなじ色にすべて染めなおされ塗りつくされてしまうであろう」。なお、氏は、同じ文章の中で、主観的な読みが個人だけでなく、「一国のある時代の一つの傾向性としてあらわれる」ことも指摘しているが、これも荒木の実践とその時代背景との関係を考える視点となる。

19　西郷竹彦は「客観主義的読書指導批判」(注12)という文章で、文芸作品から「本質や法則性」を読み取らせる「客観主義的な読書指導」(奥田、あるいは教科研の考え方が想定されたものと考えられる)について、以下のように指摘している。「さきの主観主義的読み方に比べて、すくなくとも、読者の認識をひろげ、ふかめるという教育的な意義がある」。だが、その後の批判の観点は、それが「虚構の方法」を学ぶことへ向かわなかったという点にあり、本章の主旨とは異なる。

20　横谷輝「文学教育における主観主義と客観主義」横谷輝・渋谷清視編『文学教育の構想と展開』啓隆閣　一九六九年七月。なお、横谷の論文では、主観主義の立場に立つ論者として、沖山光が取り上げられている。この場合の主観主義とは、作品ではなく作者の意図を重視する、つまり作者の主観を重視するという意味でのそれである。また奥田の論が客観主義を標榜しつつ結局は主観主義に陥ることの危険については、太田正夫の「『文学教育における主観主義』について」(注13)でも指摘されている。

21　本文で触れた以外にも、「主体性」に関わって注目すべき試みがある。たとえば、村上芳夫らによる「主体的な学習」や松本利昭らによる「主体的児童詩教育」の実践である。しかし、これらにおける「主体性」の定義は、それほどクリアではない。試みに両者の「主体性」の定義に関わる考え方を引用してみよう。

まず、村上芳夫の『主体的学習　学習方法分析による教育』（明治図書　一九五八年九月）の一節である。

主観性は、自我に関しながら自己の感受性や思考性や観念を前景として表わしている。自主性や自発性や自治性は自我に関しながら自己に基く活動概念が前景に出ている。自律性、自覚は自我に関し行動概念をもちながら、その行動は規範、価値の概念の色彩が強いようである。

主体性はまずこれらのすべての意を総合統一したような意味をもつものと考えたいのである。つまり主体性とは「自我の感受したこと、思考したこと、その結果得た価値、規範の観念に基いてみずから行動していこうとする態度、性質」をもつものとして意味づけたいのである。そしてまたさらに発展して、単に自己の価値観、規範観に基くのみでなく、「価値を求めるその態度のゆえに個人の主観にとらわれることなく他人の主張を聞くにきわめて謙虚であって、自己の立場を堅持しながら常に他の立場を受け入れ、常に客観的、普遍的真理へ止揚せんとする寛容さと協力的な態度、性質、さらに問題解決的思考態度を示す。」ものであると考える。

類義語との比較をし、その差異を明らかにしようと努めている点、また「他人の主張」を受け入れ、それを介して「止揚」しようとする姿勢を取り込んでいる点等は評価できるが、「主体性」という語に何もかも包み込ませすぎたため、定義としてはかえってはっきりしなくなっている。

一方、日本児童詩教育研究所編（所長　松本利昭）『主体的児童詩教育の理論と方法』（明治図書　一九七八年二月）では、「主体性」について、松本が次のように論じている。

詩をかく、ということは、文学的、哲学的にいいますと〈人間いかに生きるべきか〉という個の自我

の自覚、主体性の確立への追求です。（略）

戦後の民主主義教育という舞台に乗った生活詩は「生活を見つめて、値打ちのあることをかく、そして集団思考で人間的連帯感を培う」という社会性重視の線に沿った指導をすすめてきました。そして生活詩は全国に広がっていったのです。

しかし詩は、集団思考から生まれるものではなく、純然たるプライバシー、自己中心性（エゴ・セントリシティ）いいかえますと、心の琴線にふれてくる真の味わいを、その本質とするものです。

個人的自我の自覚による人格形成、主体性の確立への追求を指導するあたらしい児童詩教育。これが主体的児童詩教育と名づけた所以です。

きわめて分かりにくい「主体性」の定義となっているが、具体的な実践を念頭におけば、右の論はおおむね理解しうる。この運動では、詩の創作において「意味」を追求することを否定するが、「意味」というすぐれて社会的な所産であるものを否定して立ち現れるのは、共同化されないきわめて個人的なイメージの世界である。この「共同的」なものから「個人的」なものへの転換、すなわち世界を新しくうち立てる過程では、共同的な世界における「可能的選択肢」を敢えて捨て去るのであり、そこに表現者の「主体性」を認めることができる。

22 長山靖生「若者も日本的『世間』の中」『読売新聞』　一九九八年五月一三日夕刊
23 浅野晃「国民文学の根本問題」『新潮』第三四巻第八号　新潮社　一九三七年八月
24 竹内好「近代主義と民族の問題」『文学』第一九巻第九号　岩波書店　一九五一年九月
25 梅本克己「人間的自由の限界」『展望』第一四号　筑摩書房　一九四七年二月
26 西島建男「戦後日本の再構想に一石」『朝日新聞』　一九九七年五月一七日。なお、この論争の経緯については同氏の「解説＝加藤典洋vs高橋哲哉『歴史主体論争』」（『週刊読書人』一九九七年一〇月二四日）に詳しい。

27　加藤典洋「敗戦後論」『群像』第五〇巻第一号　講談社　一九九五年一月。ただし、ここでは単行本『敗戦後論』（談談社　一九九七年八月）所収の同文章によった。

28　岸田秀「日本近代を精神分析する——精神分裂病としての日本近代」『ものぐさ精神分析』青土社　一九七七年一月

29　丸山真男「歴史意識の『古層』」『日本の思想』第六巻　解説・第一章　一九七二年。ただし引用は丸山真男『忠誠と反逆』（筑摩書房　一九九八年二月）によった。

30　丸山真男『日本政治思想史研究』東京大学出版会　一九五二年一二月

31　柄谷行人「日本精神分析再考」『文学界』第五一巻第一一号　文芸春秋　一九九七年一一月

II 「他者」が国語の授業を変える

第1章　子どもの読みと大人の読み——段落指導から考える——

1　段落指導の困難さ

説明文の読みの学習指導で行われる段落指導——いわゆる形式段落を意味段落（大段落）にまとめさせる指導——は、説明文の学習指導をつまらなくしている元凶のように言われ、評判がきわめて悪い。したがって、様々な指導上の工夫も必要であり、また事実、行われてもいるが、段落という考え方自体は、文章を読んだり書いたりする上で極めて重要なものであることに変わりはない。むしろ、実用的文章の学習が重視される傾向の中で、その重要性は増していると言ってよいように思う。

ところで、少し前のことになるが、ある小学校で国語の授業を見せてもらったときのことである。

たしか四年生の授業で、ちょうど説明文の段落指導をしていた。形式段落をいくつかの意味段落にまとめていく作業である。その先生は、段落分けが教師の押しつけになってはいけないと、子どもたちの様々な声を聞き、それを板書していった。先生は問題を整理しようと、一所懸命、子どもたちに考えさせようとするが、収拾がつかない。ただ時間ばかりが過ぎていく。そしてついに授業の終わりのベルがなってしまった。先生は万策つきて、いろいろあるけど、こういうのがいちばん分かりやすいよね、というようなことを言いながら、自らの教材研究の成果を披露して授業を終えた。授業後の研究協議で、その点に議論が集中したことは言うまでもない。

だが、この授業を見ながら、私はこの先生の指導法ではなく、もっと別なところに興味を覚えていた。むろん指導法の問題と無関係なわけではないが、それ以前の問題として、子どもたちは、なぜ、あんなにいろいろな考え方をしているのだろう。どう、教師と考え方が違うのだろう、ということであった。それに子どもたちの言うことにも、一理あるような気がする。そうした点をもう少しはっきりさせないと、どんなに指導法の工夫をしてみても、根本の問題はなにも解決しないのではないか、そう思ったのである。

本章では、そうした疑問を出発点として、子どもと大人の読みの違いに関する実態調査を行い、それをもとに考察したことを報告したいと思う。研究の手順は、小学生、大学生、教師に、同一の説明文を読んでもらい、それを段落分けしてもらう。そして、その違いを比較しつつ、子どもと大人の文章の読み方の違いを考える、というものである。できるだけ子どもたちの思考内容を引き出すために、段落分けの理由については彼ら自身の言葉で説明してもらい、それを生かせるよう工夫した。また従来の読みの調査では、連接関係や論理の展開様式など文章の形式的側面に光を当てたものが多かったが、小学生、とくに低・中学年児童の場合、そうした形式的側面よりも内容面の方が、彼らの読みに深く関わっていることが予測されるため、そうした点ができるだけ把握できるよう留意した。

調査に用いた説明文は、かつて小学校二年生用の説明文教材であった「あきあかねの一生」（光村図書『国語二上』一九八九年版）である。「季節の順序」に沿って読みとらせることを目的とした文章である。次にその全文を掲げる。便宜上、各段落に通し番号を付してある。

あきあかねの　一生

さとう　ゆうこう

①春に　なると、池や　小川の　水の　中で、あきあかねの　子どもが、たまごから　かえります。二ミリメートルぐらいの　小さな　子どもで、やごと　よばれます。

②やごは、何回も　何回も　かわを　ぬいで、大きく　なって　いきます。やごの　体は、

外がわが　かたい　かわに　なって　います。それで、体が　そだつ　ために、かわを　ぬがなくては　ならないのです。
③夏の　はじめの　夜、やごは　水から　出て、ちかくに　生えて　いる草を　よじのぼって　いきます。そうして、草の　くきや　はにしっかり　つかまって　さいごの　かわをぬぎます。せなかが　われはじめてから　一時間ぐらいで、おとなの　あきあかねに　なります。
④おとなに　なったばかりの　あきあかねは、一日じゅう　じっと　して　います。はねを　かわかして　いるのです。ふつか目には、えさを　さがして　とびはじめます。やがて、体に　力が　つくと、すずしい　山へ　むかって、とんで　いきます。
⑤秋に　なると、あきあかねは、また、池や　小川に　かえって　きます。そうして、たまごを　うんだ　あと、みじかい　一生を　おわります。

2　子どもの読み

この調査では、右の「あきあかねの一生」を、小学校三年生に読んでもらい、「場面で分けるとすると、どれとどれが仲間か」（意味段落に分けてもらうことを意図している）、「それらを仲間にしたわけ」などを問い、それについて彼らの考えをB４版の調査用紙に記入してもらった。

調査日および調査に協力していただいた方々は次に記す通りである。

調査対象者…山形県酒田市立北平田小学校三年生二八名（初歩的な段落指導を受けている）

調査協力者…遠田裕子教諭

調査日………一九九〇年七月二一日

調査結果は、〈表1〉にまとめた。子どもの段落分けをパターンごとに整理し、多いものから順にABCの記号を付して並べた。また段落分けの理由は、（イ）（ロ）（ハ）で示し、できるだけ子どもの言葉に近い表現で示したが、読みやすさ等に配慮して手を加えたところもある。また、子どもたちの段落分けの着目点を、次のような記号で示した。

「やごのとき」など形状に着目している場合……○
「飛びまわる」など行動に着目している場合……△
「水の中」など場所に着目している場合…………◇
「秋に」など季節に着目している場合……………□
「似たことば」など言葉に着目している場合……☆

不明の場合……………………？

また〈表〉の「着目点」の欄に、○や△などの記号が複数あるものは、段落分けの理由が、複数の着目点によってなされていることを示している。

なお、調査の対象となった児童は二八名だが、二通り以上の段落分けのパターンを示してくれた子もいるため、「延べ人数」は三二名とした。

〈表1〉小学校三年生による「あきあかねの一生」の段落分け

段落分けのパターン	合計人数	理由	人数	着目点
A ①② / ③ / ④⑤	8	(イ)①②はやごのとき、③はやごがとんぼになるとき、④⑤はとんぼになってから。	4	○
		(ロ)①②はまだ水の中、③は水から出て草のくきで大人に、④⑤は大人になっている。	1	◇○
		(ハ)似たことばがあるから。	1	☆
		(ニ)季節で分けた。	1	□

		(ホ) 不明。	1	?
B [①②③][④⑤]	7	(イ) ①②③はやごのこと、④⑤はとんぼのこと。	6	○
		(ロ) 不明。	1	?
C [①②][③④][⑤]	6	(イ) 季節で分けた。	2	□
		(ロ)①②はやごのとき、③④は大人のとき、⑤はたまごをうむとき。	1	○ △
		(ハ)①②はやごのとき、③④は大人のはじめのとき、⑤は大人の終わりのとき。	1	○
		(ニ)①②は水の中、③④は水から出てから、⑤はたまごを生んで死ぬ。	1	◇ △ ○
		(ホ) ①②は皮をぬぐこと、③④は大人のこと。	1	△ ○
D [①②③][④][⑤]	2	(イ)①②③はまだ飛んでいない、④は飛びまわってえさを食べる、⑤はたまごを生む。	1	△
		(ロ)①②③は子どものころ、④は大人になってから、⑤は死ぬところ。	1	○
E [①][②③][④⑤]	2	(イ)①は生まれたとき、②③はやごのとき、④⑤は大人になったとき。	1	○

			(ロ) ①はたまごのこと、④⑤は大人のこと。	1	○
F	[①][②][③④][⑤]	2	(イ)①は生まれたばかり、②は大人に近づいたとき、③④は大人になったとき、⑤は完全に大人。	1	○
			(ロ)①は子どものころ、②は皮をぬぐところ、③④は大人になった、⑤は池や小川にもどってたまごを生んで死ぬ。	1	○△◇
G	[①⑤][②③][④]	1	(イ)①⑤はたまごのこと、②③は皮をぬぐこと、④は山にいくこと。	1	○△◇
H	[①②][③④⑤]	1	(イ) ①②はやごのこと、③④⑤は大人に変わったこと。	1	○
I	[①②][③][④][⑤]	1	(イ)①②は水の中、③は水から出る、④は羽根をかわかす、⑤は生まれた池に帰ること。	1	◇△
J	[①][②③][④][⑤]	1	(イ)①はたまごからかえったばかり、②③は皮を何回もぬぐ、④は羽根をかわかす、⑤はたまごを生んで死ぬ。	1	○△
K	[①][②][③][④⑤]	1	(イ)①は赤ちゃんのとき、②はだんだん大きくなる、③は草をよじのぼって、最後の皮をぬぐ、④⑤は大人になって秋に山に行ってたまごを生んで死ぬ。	1	○△□◇

着目点別延べ人数	着目点の一貫性	調査対象者28名
○（形状）…24	1…21	延べ人数32名
△（行動）…9	2…5	
◇（場所）…6	3…3	
□（季節）…4	4…1	
☆（言葉）…1		
？（不明）…2		

右の表について、若干の補足をしておく。

段落分けの理由については、次のような扱い方をしたところがある。C（ニ）などの「たまごを生んで死ぬ」は「たまごを生む」ことを△（行動）で表し、「死ぬ」ことを○（形状）で表した。E（ロ）などの「たまごのこと」は○（形状）とした。C（ホ）の「皮をぬぐ」は○（形状）と考えられなくもないが、「ぬぐ」に比重があるものと判断して△（行動）とした。

また「着目点別延べ人数」とは、段落分けの着目点として、「形状」「行動」などが、子どもたちによって、それぞれ何回用いられたかを数えたものである。たとえば、□（季節）…4とは、A（ニ）、

C（イ）、K（イ）の人数を合計したものである。

また「着目点の一貫性」とは、段落分けの理由が、ある着目点だけで一貫した説明がなされているか、「形状」「行動」など幾つかの着目点が混在してなされているか、を示したものである。したがって、1…21とは、着目点が一つで一貫している子どもが二一人、2…5とは、二つの着目点が混在している子どもが五人ということである。

これらの諸点は、以下の〈表2〉〈表3〉についても同様である。

さて、この〈表1〉から、読み取れることを簡単に整理しておこう。

まず、段落分けのパターンが、あとで見る教師の予測の倍以上の一一パターンもあることに気づく。とくにAからEまでは、私たち大人から見ても十分に理解できるもので、間違いとは言えないものが並んでいる。また、同一のパターンでも、（イ）（ロ）（ハ）…などのように、子どもたちの段落分けの理由がさまざまであることが分かる。「着目点別延べ人数」からは、彼らの着目点は、「形状」への着目度が圧倒的に高く、次が「行動」で、「季節」はかなり少ないことが分かる。さらに「着目点の一貫性」からは、三分の一以上の子どもたちが、段落分けの際の着目点が一貫せず揺れていることが分かる。

3　大学生の読み

子どもと教師の段落分けの着目点の相違を見ることが、本調査の主要な目的であるが、子どもと教師の中間として、大学生を対象に、先と同様の調査を行なってみた。そうすることによって、子どもと教師というだけでなく、子どもと大人、という捉え方も可能になるのではないかと考えたからである。

調査対象者…上越教育大学　学部二年生　一七名
調査日………一九九〇年九月七日

〈表2〉大学二年生による「あきあかねの一生」の段落分け

段落分けのパターン	合計人数	理由	人数	着目点
A ①② ③④ ⑤	7	（イ）季節で分けた。	6	□

			(ロ)①②はやごのこと、③④はやごからあきあかねへの成長、⑤はあきあかねのこと。	1	○
B	①②③／④⑤	5	(イ)　①②③はやごのこと、④⑤はあきあかねのこと。	5	○
C	①／②③／④⑤	1	(イ)①は子どもが生まれたところ、②③はやごが皮をぬぐこと、④⑤はあきあかねになってから。	1	○ △
D	①②／③／④／⑤	1	(イ)　①②はやごのこと、③は脱皮して成虫になること、④はあきあかねのこと、⑤は、しめ（締め）の部分。	1	○ ◎
E	①／②／③④／⑤	1	(イ)①は子どもの誕生、②は子どもの成長、③④は大人になるとき、⑤は死ぬとき。	1	○
F	①②／③／④⑤	1	(イ)①②はやごのこと、③は大人になること、④⑤はあきあかねのこと。	1	○
G	①②③／④／⑤	1	(イ)①②③は一人前のあきあかねになるまで、④はおとなになったあきあかねのこと、⑤はあきあかねの終り方。	1	○

着目点別延べ人数	着目点の一貫性	調査対象者17名
○（形状）…11	1…15	延べ人数17名
△（行動）…1	2…2	
□（季節）…6		
◎（文章構成）…1		

この〈表2〉から読み取れることを整理してみよう。

まず、「着目点別延べ人数」から分かるように、大学生は子どもと同じく「形状」への着目度が最も高いが、「季節」への着目度は、子どもに比べると、だいぶ高くなっている。また「着目点の一貫性」からは、ほとんどの学生の着目点が一貫していることが分かるが、この点も子どもとは大きく異なる点として注目される。

4　教師の読み

次に、小学校の教師に、子どもたちがどんな段落の分け方をするか予測してもらい、最大で三パターンずつ、理由とともにあげてもらった（全員から三パターンの回答が得られたわけではない）。なお、教師の経験年数は、一八年一名、一六年一名、一五年二名、一二年、九年、八年が各一名である。

調査対象者…上越教育大学　大学院生　七名（現職の小学校教員）

調査日………一九九〇年九月五日〜一二日

〈表3〉教師による小学生の「あきあかねの一生」の段落分けの予測

段落分けのパターン	合計人数	理由	人数	着目点
A　①② / ③④ / ⑤	8	（イ）季節で分けた。	7	□
		（ロ）①②はやごのこと、③④はとんぼのこと、⑤はとんぼの終わり。	1	○
B　①②③ / ④⑤	5	（イ）やごととんぼのこと。	3	○
		（ロ）大人になるときと一生を終わるまで。	1	○
		（ハ）子どものときと大人のとき。	1	○

C	①②③④／⑤	1	（イ）大人になる前とあと。	1	○
D	①／②③／④⑤	1	（イ）①はたまごのこと、②③はやごのこと、④⑤はとんぼのこと。	1	○
E	①②／③④⑤	1	（イ）水の中の生活と水から出た生活。	1	◇

調査対象者7名
延べ人数16名

着目点の一貫性
1…16（全員）

着目点別延べ人数
○（形状）…8
△（行動）…0
◇（場所）…1
□（季節）…7（全員）

〈表3〉から読みとれることを整理しておこう。

まず、「着目点別延べ人数」である。「形状」が8で最も多いが、これは七名中六名の教師が、子どもの着目点の多くが「形状」にあることを予測した結果（複数回答があるため、6ではなく8となっている）であり、さすがと言うべきである。だが一方で、七名全員の教師が、子どもがあまり着目しなかった「季節」をその着目点として予測していること、また子どもたちに比較的多く見られた「行動」への着目が、教師にはまったく予測できなかったことは、子どもと教師との間に大きなギャップのあることをうかがわせる。さらに、「着目点の一貫性」からは、教師の着目点の予測がすべて一貫していることが分かるが、それも教師と子どもとの間にある大きな隔たりとして注目すべきだろう。

5　読みにおける子どもの「脈絡」と大人の「脈絡」

以上の〈表1〉〈表2〉〈表3〉の結果を比較して、子どもと大学生・教師の読みの相違点を整理してみよう。

（1）子どもの段落分けの着目点の大半は「形状」「行動」であるが、大学生・教師では、「形状」とともに「季節」が大きなウエイトを占めている。

（2）大学生・教師の場合、着目点はほとんど一貫しているが、子どもの場合は、同じ子でも一貫せず、揺れが目立つ。

（3）段落分けのパターンが同じ場合、大学生・教師では、異なる個人間でもその理由はほぼ同じだが、子どもの場合、その理由はさまざまである。

（4）子どもの最も多いパターンAを、教師は予測しなかった。
（5）「場所」が子どもの段落分けの着目点となりうることを予測したのは、この教材を実際に指導した経験のある教師一名のみであった。

このように、本調査で明らかになった子どもたちの読みの実態は、大学生や教師とは明らかに異質なもので、前章での用語を用いるなら、「規則」を異にした「他者」の読みと呼ぶにふさわしい。もちろん本調査において、調査対象者となった子どもたちと教師とは接触がないわけであるから、教師が子どもたちの反応を十分に予測できなかったことには仕方のない面もある。しかし、この両者の間に大学生の調査結果を置き、そこに教師の読みとの共通性を見るとき、教師の読みは、「教師としての読み」であるとともに、やはり「大人としての読み」と言うべき傾向を強く示していると解釈できる。

そこで、ここで観察された読みの様相を、諸家の研究を参考に、もう少し分析的に整理し直してみたい。

まず注目したいのは、おおよその傾向として、子どもは「形状」に着目し、大人は「季節」に着目しているということである。つまり、子どもと大人とでは、同一の文章を前にしても、それぞれ文章を読むときの着目点が異なっているのである（子どもの読みはもっと多様だが、煩雑になるため、ここでは「形状」に着目した読みに代表させる）。一方、この教材文の扱い方を考えてみると、平成元年

（一九八九）版『小学校学習指導要領』の第二学年では、「時間的な順序」で読み取ることが指導事項となっており（それは、平成一〇年版『小学校学習指導要領』の第一学年及び第二学年にも受け継がれている）、それを受けた教科書の「てびき」や『学習指導書2上　国語』（光村図書）等では、子どもたちを「季節の順序」に着目させようと意図していることは明らかである。むろん今はその是非を問うのではなく、「あきあかねの一生」という文章を、大人は「季節」に着目して読もうとしていること、そしてこの教材の意図もそう読まれるところにあったということが確認できればよい。すると、ここでは同一の文章を前にして、「季節」に着目して読まれるよう書いた書き手の意図、「季節」に着目した大人の読み、「形状」に着目した子どもの読みが観察されたことになる。

さて、そこで思い合わされるのは、同一の文章であっても、そこにはかなり異なった「文脈」のようなものが存在するという論が、従来からいくつか提示されてきていることである。

土部弘は文章そのものが内包しているいくつかの文脈——事物論理的文脈、思考論理的文脈、心理的文脈、生理的文脈——が、同一の文章の「段落分岐」を変えることなどによって浮き上がる様子を具体的に提示していて興味深い。[1]だが一般的には、文脈の問題は読者の側の問題として論じられることの方が多い。たとえば、倉澤栄吉は、読者が「書き手の文脈」とは異なった「読み手の文脈」を、その「生活感」などから作り上げていくものであることを論じているし、[2]林四郎も「書き手の論理」と「読み手の論理」とが、その「予備知識」等の相違から食い違いうることを指摘している。[3] あるいは、塚原鉄雄に従うなら、このような相違は、書き手と読み手がどのような「意図」や「期待」をもっているか、言語素材を「どう理解しているか」、その素材に対して「どんな感情を抱いているか」等によって生じてくると説明することもできるだろう。[4]

だが、こうした指摘がある中で、とくに注目されるのは永野賢の次のような考え方である。[5] 氏は、表現者と理解者の脳裏に主観的に形作られたものを、それぞれ「書き手の脈絡」「読み手の脈絡」と呼び、客観的に文章に存在するものを「文脈」と呼んで区別する。本節のタイトルもこれに倣ったわけだが、この区別は当面の問題を整理する上でたいへん有効だと思われる。

そこで、先の「あきあかねの一生」の読みの調査の実態を、永野の用語を用いながら、整理し直してみよう。

まず、客観的に存在する「文脈」を把握するために、永野の「主語の連鎖」という文章分析の方法を用いてみよう。[6] この方法は簡単に言えば、各段落の主語を機械的に抽出して、その連鎖の様子から「文脈」を割り出すものである。それを実際に「あきあかねの一生」に適用してみると以下のようになる。

〈段落〉　〈主語〉
①……（あきあかねの）子ども

②……やご
③……やご
④……（おとなになったばかりの）あきあかね
⑤……あきあかね

したがって、この文章の段落構成は次のようになる。

①②③	④⑤

このように主語の連鎖から見た「文脈」は、子ども（やご）か大人（あきあかね）かという、あきあかねの「形状」の変化に重点を置いたもの、ということになり、「季節」を主たる着目点とする大人の読みや書き手の意図とは一致しない。その点では、「形状」に着目する子どもたちの方が、「文脈」に素直に反応していたと解釈することもでき、子どもたちの読みに十分な正当性のあることが分かる。

それはともかく、この永野の分析方法によって得られた「文脈」が客観的なものであると考えてよいのならば、[7]先の調査で観察されたことは、以下のように整理できる。すなわち、文章の書き手は、単元のねらいに即して「季節」という「脈絡」によってこれを書こうと意図した。その結果として出来上がったのが「あきあかねの一生」である。だが、それは書き手の意図に反し、「形状」を客観的な「文脈」とする文章となった。一方、この文章を読む場合、大人は書き手と同様に「季節」を「脈絡」として読み、子どもの多くは「形状」を「脈絡」として読んだ。すなわちここでは、客観的に存在する「文脈（形状）」と主観的な「書き手の脈絡（季節）」、それに大人の「読み手の脈絡（季節）」と子どもの「読み手の脈絡（形状）」が観察されていた、ということになる。

実際には、子どもの「脈絡」はずっと多様であるから、現実はさらに複雑なわけだが、少なく見ても四種類の「文脈」や「脈絡」が同一の文章を媒介に交錯している、ということが、永野の用語を用いることによって明瞭に描き出される。

6　方法としての段落分け

以上を確認した上で、冒頭で紹介した段落分けの授業（「あきあかねの一生」を教材としたわけではないが）を振り返ってみるとそこでも右に見たようないろいろな「文脈」や「脈絡」が交錯していたはずである。ところが、その授業では、ある一つの段落分けに至りつくことだけが「目標」とされていたために、行き詰まらざるをえなかった。教師には、「目標」とされたもの以外はノイズとしか聞こえなかったであろうし、子どもたちには、自分の考えがどうして受け入れられないのか理解できなかったに違いない。

ではどのようにすれば、こうした状況から抜け出せるのであろうか。あるいは、どうすれば、そのような状況を生かすことができるのだろうか。

そこで、かつて垣内松三《かいとうまつぞう》が指摘していた次のことを思い起こしてみよう。(8)垣内は、文章には文字の連続として示された「文の形」と、文を内視する意識の上に現れる「相の形」があると言った。そして、この観点から、国定教科書教材「冬景色」を分析し、これは「文の形」としては五段からなるが、「相」の展開をどのように読みとるかによって、二段構成にも三段構成にも捉えうる、とした。これは必ずしも、段落のみを単位とした考え方ではないが、しかし文章の構成（相の形）というものが、読み手の主観に左右され、流動的なものである、ということを示唆している。

そのことを先の調査に重ね合わせるなら、次のように言えるであろう。すなわち「あきあかねの一生」という文章は、各段落のはじめにある「春」や「夏」や「秋」などの語に着目すれば、大人たちのように「季節」に着目した三段落の構成（相の形）が浮かび上がる。一方、各段落の主語、あるいはあきあかねの「形状」に着目すれば、子どもたちのように「形状」に着目した二段落の構成（相の形）が浮かび上がってくる。そしてそのどちらもが間違いとは言えない。なぜなら、文章の構成（相の形）とは、本来、着目点によって変わりうる流動性をもつものであるから。

以上の点を踏まえるならば、段落指導の授業の在り方も、当然、着目点によっていろいろな段落構成＝段落分けのパターンの捉え方がありうることを前提に改善されなければならない。たとえば、子どもたちに、自分の考える段落分けのパターンを理由とともに発表させ、それらを着目点別に整理してみる。そして、着目点、たとえば「季節」を表す語とか、「主語」（形状）とかによって、文章構成の捉え方も違ってくることを確認する。つまり、根拠がしっかりしていれば、どの段落分けも正しいものとして扱うのである。むろんその過程では、根拠があやふやなものや、一貫していないものなどは、自然に整理されてくるはずである。

その上で、もし「季節の順序」に着目して構成を考えたいのであれば、次のステップとして、ここでは「季節」に着目して読む学習をしてみよう、と子どもたちに提案すればよい。子どもたちも、「形状」などに着目した自分たちの読み方が一応認められた上で、また着目点によっていろいろな捉え方がありうることを学んだ上でなら、「季節」を着目点とした読み方にもそれなりの根拠のあることは分かるし、その学習も受け入れやすくなるはずである。

そもそも、読みの学習が文章についての学習であるならば、文章がどういうものであるのか、その性質について学ぶということは当然あってよい。だとすれば、着目点を変えれば、文章の姿が違って見えてくる、ということは大切な学習課題でありうるはずである。冒頭で紹介した授業では、一つの段落分けのパターンだけが至りつくべき「目標」とされたために学習が行き詰まってしまったが、本章で提案する段落分けは、「目標」を相対化し、それをも包み込んで文章の性質を考える「方法」としてのそれである。いわば「目標としての段落分け」ではなく、「方法としての段落分け」である。そしてそのような転換を図ったとき、これまでノイズにしか聞こえなかった「他者としての学習者」の読みは、学習をより豊かなものへと拓いてくれる貴重な声であったことに気づく。私たちをしばしば立ち止まらせてきた「他者としての学習者」の読み、そしてそれらによって行き詰まった場こそ、実は、可能性そのものであったのである。

そしていま一つここで見逃してならないことは、以上の段落指導の問題は、必ずしも国語科の片隅の小さな問題ではない、という点である。今日、多くの子どもたちが、さまざまな形で学校に拒否の姿勢を示しているが、その一因は、一面的な価値＝「目標」によって評価され、監視されていることへの彼らの憤りと苦しみにある。I—第2章で論じたことだが、そうした状況下にある今日、「目標」そのものを学習者との関係において常に相対化しうる柔軟性が、私たちには求められているのである。だとすれば、本章で述べてきた「目標」をも相対化していこうとする段落指導の在り方は、今日の教育が抱えている根元的な課題に直結していると言えよう。当たり前のことだが、国語科の個々の学習場面も、教育という営み以外ではありえないのだから。

［注］

1　土部弘「文脈と段落」『学大国文』一二号　大阪教育大学国語国文学研究室　一九六八年一二月

2　倉澤栄吉『読解指導の方法』新光閣書店　一九六一年三月。ここでは『倉澤栄吉国語教育全集７』（角川書店　一九八八年二月）によった。

3　林四郎「書き手の論理と読み手の論理」『現代作文講座４　作文の過程』明治書院　一九七六年一二月

4　塚原鉄雄「場面とことば」『講座現代語１　現代語の概説』明治書院　一九六三年一二月

5　永野賢『文章論総説』朝倉書店　一九八六年五月、並びに同氏「私の文脈論――文脈における客観性と主観性――」『日本語学』第七巻第二号　明治書院　一九八八年二月。

6　永野賢『文章論総説』朝倉書店　一九八六年五月など。

7　この分析方法はある程度、機械的に分析できるという点で客観的ではあるが、永野の提唱する文法論的文章論にはいくつもの分析方法があり、そのどれを適用するかは、結局、分析者の主観によらざるを得ないわけで、その意味では、必ずしも客観的である、とは言い切れない面をもつ。

8　垣内松三『国語の力』不老閣書房　一九二二年五月。ここでは『国語の力　国語の力〈再稿〉』（明治図書　一九七七年三月）によった。

第2章　読むことと実験・観察すること——情報化社会の中の説明文学習——

1　アメンボ論争

一九九〇年一一月号の『教育科学国語教育』（№四三四　明治図書）誌上において、渋谷孝の「説明文教材でつける読解能力——「調べ読み」・「述べ方読み」の克服への途——」と題する提案を受けて、誌上シンポジウムが行われた。渋谷の提案は、冒頭で氏が紹介しているように、「水にうく仕組み」（『新訂小学国語4上』教育出版）というアメンボを題材とした説明文をめぐって、「この文章だけで〈アメンボが水にうく仕組み〉を理解させようという国語の授業なんておそろしい[1]」と言う板倉聖宣と、「非科学的で不適当と断定されるのをだまって見過ごせない[2]」と言う教材文の筆者・矢島稔との論争を素材としたものであった。この板倉・矢島両氏の論点は、ともに理科教育に携わる立場から、アメンボが水に浮いていられるのは表面張力がより本質的な問題か、それともアメンボの脚の特殊な形態も重要な要素であるかという、主として科学的真理とその表現をめぐる問題であったと解される。

これに対し、渋谷の提案は、この論争を素材として、国語科以外の教科に関わる内容を題材とする説明文の学習を、国語科としてどう指導すべきか、という点にあった。すなわち、ここでの論点は、説明文の記述内容をそのまま信じるのではなく、教材文の外に出て「実験をしたり他の本を参考にしながら」、その記述内容が「本当はどうなのか、ひとつひとつ事実をたしかめていくように指導することが決定的に大切だ」という板倉の立場と、国語科の「読解能力の指導は、その記述の妥当性の信頼の上に成り立っている」のであり、「叙述されている限りの文章内容で、既知の言語を手がかりにして、未知のことば・文章の意味を推定または想像できる能力をつけることに授業の目標がある」という渋谷の立場との対立を、国語科は、どう受け止めるべきかという点にある。

もちろん、従来の国語科においては、後者の立場を当然のことと考えてきたし、本章でも、それが読みの基礎的能力を育成する上で大切な指導であると考えることに変わりはない。しかし、情報化がますます進む時代状況に照らしてみたとき、前者の立場も、そのままでは受け入れ難いにしても、検討に値する側面をもっているように思われる。そこで以下では、上記の論争およびシンポジウムでの提案を素材として、説明文の学習指導では、教材文の外に出て書かれたことを確かめるべきか、それとも文章そのものに踏みとどまるべきか、あるいは第三の道があるのか、検討してみたいと思う。

なお、以下では、論争およびシンポジウムそれ自体の枠組みには縛られずに論を進めていく。

2　意味の理解と真偽

すでに述べたように、板倉・矢島両氏の主要な論点は科学的真理にあった。板倉は、アメンボが水に浮ける理由として矢島が教材文に提示した問題のうち、「体がとても軽いということ」、「あしのつめがとくべつな位置にあること」などは、「本質的なことではない」とし、水の「表面張力」が一番大切な要因であるとした。この点に関しては、矢島の反論を踏まえた三上周治の精密な検証(3)があり、アメンボが浮く「主たる原因」は「やはり表面張力」であること、しかし「板倉氏には、生物という観点がない」こと、また両氏とも「表面張力と浮力についての誤った認識がある」ことなどが指摘された。この三上の検証は、信頼に値するもののように見受けられるが、もちろん、この三上の検証も含めて、いずれが正しいかを判断することは、私の能力を超えており、またそれが目的でもない。それよりも、ここで問題としたいのは次の点である。一般に、私たちは、科学的真理という点で問題のある文章に接することは少なくないはずだが、その場合、そうした文章を読み、理解するとはどのようなことなのか、という点である。そこで、現代哲学の一つの論点であった命題の真理値をめぐる論を参考として、この点について考えてみたい。

　オックスフォードの哲学者ストローソンは、その有名な論文「指示について」[4]（一九五〇年）で、ほぼ五〇年前にラッセルが提示した真理値に関する理論[5]（一九〇五年）を批判して、イギリスの現代哲学を方向付けたと言われる。そこで提示されたのは、命題の意味理解のレベルと真偽判定のレベルとを区別する考え方である。たとえば共和制下のフランスで「フランス王は賢い」（ラッセルは「…ははげだ」という例文を用いている。引用者注）と言った場合、ラッセルの理論では、この命題には「一人のフランス王が存在する」という命題が予め含意されるから、その段階でこれは偽とされる。しかしストローソンは、共和制のフランスで王が存在しない時に、このようなことを言うこと自体に問題があると考える。すなわち、「『フランス王は賢い』という文は、確かに有意義である」が、「文そのものが真であるとか偽であるとか語ることはできない」。それはこの文が「さまざまな機会に発話され」うるからであり、その発話が行われた外的「状況」がどのようなものであったかが特定されない限り、真偽の判定はできないとしたのである。この点では、ラッセルの強い影響を受けたウィトゲンシュタインの前期を代表する『論理哲学論考』[6]（一九二一年）の中の幾つかの断章、たとえば「像（言語による命題を含む。引用者注）の真偽を認識するためには、我々は像を現実と比較せねばならない。（二・二二三）」、「命題が真であるかどうかを知らずとも、命題を理解することができる。（四・〇二四)」、「命題はいずれも既に意義（ここでは意味と同義。引用者注）を持っていなければならない。(四・〇六四)」等にも、すでに類似の考え方が示されていたように解されるが、もしそう考えてよいならば、これをストローソンの論と重ね合わせたとき、当面の問題もより簡明に整理できる。

すなわち、真偽は文章の外で確かめるべきことで、その真偽の如何を問わず文章の意味は理解できる。というのも、文章の意味が理解できなければ、そもそもその真偽の検討すらできないのであるから。

そして以上を参考に、説明文の読みの学習指導を「叙述されている限りの文章」の範囲内に止めようとする考え方を整理し直せば、次のようになるだろう。つまり先の命題の例と同様に、説明文の読みにおいても、与えられた叙述の範囲内で、その真偽にかかわらず、論理構造を分析し意味を想像することは十分に可能であり、また必要不可欠なことでもあるから、その検討を説明文の学習の中心の課題として、教材文の外に出なければ確かめられないような文章内容の真偽までは問わなくてよいと考えるわけである。

それにそもそも、「実験をしたり他の本を参考に」しつつ「ひとつひとつ事実をたしかめていくように指導すること」も国語科の重要な学習課題とすべきだという立場は、文字の存在意議を否定することになりかねない。文字の重要性が強調された幕末維新期になされたいくつかの議論を振り返ってみると、「ひとつひとつ事実をたしかめていく」ことが不可能な中でこそ、文字の有用性が期待されていたことが明らかだからである。
たとえば、福沢諭吉が『西洋事情』(一八六六年)の中で、新時代に於ける「新聞紙」の必要を説いて「一室ニ閉居シテ戸外ヲ見ズ、万里の絶域ニ居テ郷信ヲ得ザルモノト雖ドモ、一度ビ新聞紙ヲ見レバ世間ノ情実ヲ模写シテ一目瞭然、恰モ現ニソノ事物ニ接スルガ如シ。」と言ったのは有名だが、それ以前にも既に幕府の遣欧使節が同じように新聞紙の必要を唱えている(「新聞紙社中へ御加入之儀申上候書付」一八六四年)。また、自由民権運動の指導者であった大井憲太郎は、より直接的に文字の効用についてこう語っている。

余輩社会ノ細大事物ヲ看テ。其効力ノ如何ヲ思フ毎ニ。感嘆措ク能ハザルモノハ。彼ノ文字ノ効用即チ是ナリ。(略)環堵ノ室ヲ出デズシテ。意ヲ千里ノ外ニ伝へ。山海ノ険ヲ挟ンデ。志ヲ眉目ノ間ニ通ズルモノハ。一ニ文字ノ力ニ頼ルモノナリ。(略)文字ナクンバ、吾人ハ凡百ノ事ニ就テ。悉ク之ヲ親験実試セザル可カラズ。世界ノ広キ、悉ク実地ヲ践マザレバ、之ヲ知ル能ハズ。事物ノ多キ、尽ク其理ヲ親考セザル可カラズ
(『自由略論　下編』一八八九年)

すなわち文字は、直接的には簡単に知りえない事柄について、効率よく、合理的に知識を形成する効用をもつものと見なされていたのである。その意味では、叙述された範囲に止どまり、その読み

に徹することは、言語の学習を目的とする国語科としては、ごく自然な考え方と言ってよいであろう。

ただし、上記の立場が、説明文の読みの学習の基本的な目標であるにしても、それが、文章に踏み止どまることだけを意味するのであるなら、むしろ国語科が言語の学習を目的とするがゆえに、ある種の危険を孕むことになると考えられる。以下、その点について検討してみよう。

3　知覚・言語・イメージ

ところで、板倉が文章内容の真偽を問うべきだと考えたのは、「読者は何のためにその文章を読むかというと、その対象そのものについて知らんがためである」という点に説明文の読みの根本を見ていたからである。これは日常的な読書のごく自然な姿と考えてよいだろう。では、この対象について「知る」とはどういうことか、まず、そのメカニズムについて考えてみよう。

哲学者の沢田允茂は、「知る」という働きについて、その『認識の風景』(7)の中で以下のように述べている。すなわち、プラトン以来、哲学は理性的知識を偏重し、感覚的知覚による知識を軽視し過ぎてきたが、「元来、理性とか感性、あるいは感覚的知覚とか思考といった言語は、人間が何かを『知る』という機能を行使するばあいに、それに参与している諸々の異なった部分的な働きを区別するために用いられた語である」。生物学者ユクスキュルの言うように、生物は、それぞれの種に固有の「環境世界」との相互関係の中で生きているが、(8)人間も種に固有の「環境の風景」をもっている。そして、見る触るなどの感覚的知覚と、より理性や思考との結びつきの強い言語と、それらを取り込んで構成されるイメージとが、相い補って、人間をとりまく「環境の風景」を「知る」ために働いている。その際、イメージは、直接知覚できない事柄について、記憶を素材として「知覚像の風景の抜け落ちた部分をうずめたり、その風景を拡大したりすることによって知覚の風景を補塡し補充し」、言語は、そのカテゴリーに従って「風景の組織化」を行い、また知覚あるいは知識間の「論理的関係」を構成するなど、いわば「知識のメタモルフォシス」を通して「環境の風景を制御する私の能力をより効果的(合目的的)にし、かつ拡張する」。そして、これら「色々な異なった役割をもった機能が全体として組織的に競合」することによって、「知る」という機能が成り立っている。

古くはカントが、デカルトに代表されるような理性中心の合理論的立場とロックやヒュームなどの感性重視の経験主義的立場との止揚をはかって新しい認識論を『純粋理性批判』(一七八一年)の中で展開したことは有名だが、沢田は、言語の分析を重視する分析哲学の立場を背景に、従来個々に論じられることの多かった知覚、イメージ、言語を、「『知る』という一つの共通の働き」と捉え、その「共通な性質と相互関係のメカニズム」を生物学から示唆された「環境の風景」という概念を導入しつつ、明快に位置付けており、当面の課題を検討する上でよい参考となる。すなわち、言語とは、「知る」という全体的な機能から見れば、知覚やイメージと相補的に働くことを不可欠とした「知る」ことの一側面を抽象して得られたものにすぎない、ということである。

たとえば言語と知覚の関係については、科学哲学者ハンソンが紹介している次の例(9)が分かりやすい。いま二人の科学者が、「アメーバのような単細胞動物」を観察していた、とする。ところが、同一の対象でありながら、「一方は、〈単—細胞動物〉を見たといい、もう一方は〈無—細胞動物〉を見たという」。それは、前者が「アメーバを他の型の単一細胞、例えば肝細胞や、神経細胞や、上皮細胞と完全に類比させて眺め」たからであり、後者は「アメーバの類比を単一細胞に求めずに、動物全般に求め」、「個々の組織細胞というよりは、はるかに一箇の完全な動物に近い」と考えたからである。すなわち「単細胞—動物という表現の前半分を強調して考えるか、後半分を強調して考えるか」といった言語表現の問題が観察に影響を与えたのである。その意味で、「《見ること》は、〝理論負荷的な〟試み」であり、見るという「知覚」は「言語や表現記号」と相互依存的であり、不可分なものだと言うことができるのである。

しかしもちろん、知覚、イメージ、言語は、一応それぞれ異なる機能をもつということも事実であり、したがって国語科は、これらのうちの一機能——言語——を学習対象とすればよいと考えることはできる。しかし、学習対象を言語に厳しく限定する立場、すなわち本来フィクションであるはずの教科の枠組みを絶対視する立場は、言語と知覚の相互依存性を断ち切ったまま、それを統合する手立てを講じてこなかった。もちろん教科の枠がフィクションであったとしても、そこには一定の有効性のあったことは事実である。それはおそらく近代という時代が学校教育に求めてきた効率性や合理性に多く由来する。しかし、枠を設定し効率性や合理性を高めていく中で、その枠があたかも本来的なものと見なされ、便宜上断ち切ったものの相互依存的性格や不可分性へのまなざしを喪失し、そこに当然生じる欠落を見落としてはこなかっただろうか。

4　存在と言語

さらに、次のような点についても考えてみる必要があるだろう。すなわち、ある存在の理解は、その内部の分析からのみでは不十分な結果しか得られない、ということである。そもそも、分析の観点は、その存在自体から自然に立ち現れるのではなく、他との関係において設定されるのであり、外部との関係なしには考えられないもの、である。

例えば、ルソーの『言語起源論』[10]（一七六一年）の次の一節を見てみよう。

文字は、言語を固定するもののように思われるが、じっさいにはそれを変質させている。語を変えるのではないが、その本質を変えてしまう。正確さが、表現に取ってかわる。話すときには感情が現われるが、書くときには人は観念をあらわす。書くばあいには、すべての話を共通の意味で取らざるをえない。けれども話している人は、音調で意味をさまざまに変化させ、自分の気に入るように意味を決める。

ここに見られるように、文字言語のある性質はその外部にある音声言語との比較をとおして明確になる。そう考えると、説明文の学習を文章の範囲内に止どめようとする立場には、説明文という表現形式のある性質、特にその限界というものを見落とす危険があるように思われる。

では、その限界とは何か。ルソーの指摘にあるように、文字言語は、音声言語のもつ生気のようなものに欠けているが、逆に、音声言語にはない固定性を持ち、そのことが我々に多大の利益をもたらしてきた。しかし、ここで問題としたいのは、そうした両者の違いより、それらに通底する言語一般の限界である(ただ文字はその固定性のゆえにそれを際立たせるということは言える)。先に引用した沢田の論は、知覚やイメージの復権を目指したものと言うこともできるが、その中で言語の限界について次のように述べている。

自然のありのままの姿というのは部分に分割したり区別したりすることのできない全体的なものであるが、人間の言語や論理は「赤」にたいして「非赤」、「善」にたいして「悪」というふ

うに対象を対立的に二分し区別するが故に、このような言語でとらえられたものはありのまま
の自然ではない

これは老荘思想あるいは禅仏教の真理である「ありのままの自然」に対する言語の限界について述べたものであるが、しかし、真理を科学的真理とする近代的思惟においても、自然対言語の基本的構図は変わらない。たとえば、中村雄二郎は、感性的なもの、非理性的なものの意味を哲学的に問い直すことに力を注いできているが、その著『感性の覚醒』[11]の中で、自然と言語の関係を次のように述べている。

現実の具体的な事物や事象には、簡単にロゴス（論理）化され秩序づけられるのを拒否するところがある。たしかに、自然のうちには整然たる秩序があるかも知れない。しかし、自然のうちの秩序を法則として発見し、確認するのは人間のロゴス（理性）であり、その場合自然はむしろ、法則化に抵抗するものとしてあらわれるからである。物質（素材）としての抵抗であり、存在としての抵抗である。（略）

しかし、ここで、自然的な事象についても、人間的な事柄についても、それらにかたちを与え、秩序を与える働きを持つ言葉もまたロゴスであることを、想い起こす必要がある。

これを本章の文脈にあてはめるならば、説明文という文字言語によって記述された自然や事物は、存在として言語化への抵抗を秘めている。換言すれば、説明の対象となる自然や事物は、それを説明する言語には還元しきれないもの、さらに言い換えるなら、存在は、言語にとって、それへの還元が不可能な「他者」としてある、ということである。

そしてこのことは、創造するということとも深く関わる。クーンは、熱心な支持を得て「一連の科学研究の伝統をつくるモデルとなるようなもの」、例えばコペルニクス天文学、ニュートン力学などを「パラダイム」と呼んだ。[12] だが、その「パラダイムと自然を一致させようとすれば、どこか難点があるもの」であり、「科学理論にとって、実にうまくいくということは、完全にうまくいくということでは必ずしもない」。もちろん、このうまくいかない部分のほとんどは、「変則性」はあっても「最後には何とかなる」、あるいはパラダイムに組み込まれうる現象であり、したがって科学者はそれを既存のパラダイムに適合するよう部分的な修正を施そうと努めるのが通例である。しかし、その中から、コペルニクスやニュートンがそうであったように、既存のパラダイムでは説明しきれない真の「反証例」を見出しえた者が、そのパラダイムを転換させることになると言い、それを「科学革命」と呼んだ。

もちろん私たちはコペルニクスやニュートンを目指そうというのではない。しかし、ごく平凡な日常の中にも、すでに十分な説明が施されたかに見える自然や事物と説明する言語との間にある、ささやかなズレに気づく経験は誰にでもあるだろう。そしてもし、そのズレに意味を見出すことができれば、たとえそれがささやかなことではあっても、創造的な営みと呼ぶことができるのではないか。すなわち、存在と言語とのズレは、言語から見ればその限界を露呈したこととなるが、存在にとっては豊かさの証しであり、私たちには創造の源泉となるのである。

だが言うまでもなく、この豊かさは、存在それ自体から自然に立ち上がってくるわけではない。それを言語の網ですくい取ろうとしてはじめて、そこからこぼれ落ちていく豊かさに気づくのである。つまり、その豊かさに触れるためには、言語からのアプローチは不可欠であり、だとすれば、そこにはやはり、国語科が関わるべき意味も十分にあると言うべきであろう。

5　実験・観察することと国語学習

ところで、自然や事物を観察するなどして文章内容を確認しようとすることは、先に見た「知る」ことにおける諸機能の相互依存性からすれば、自然な行為だと言えよう。説明文の学習でよく目にする「疑問に思ったこと」「もっと知りたいこと」などという学習課題も、この自然の流れに沿ったものと考えられる。そして、こうした疑問や興味の起点が、文章表現にあることは珍しくない。

たとえば、小松善之助は、「さけが 大きく なるまで」(教育出版 小学校二年生用教材)を用いた説明文の授業における、ある児童の「ひとり読み・書きこみ」の例を示しつつ、次のように述べている[13]。その児童の反応は「題材（さけ）についてたいへん積極的に反応している」が、国語教育界では、この「情報をとらえる」読みとして当然のことが「冷遇されつづけている」。この児童の反応に見られる「もっと知りたいこと」や「思ったこと」は「彼のさけに対する好奇心を示すとともに、言葉への敏感さをも示している」。

振り返ってみれば、「水にうく仕組み」に対する板倉の批判も、「表面張力」についての表現の仕方に、読み手として疑問を感じたことに始まっていた。教材文の

あめんぼは、細い、はりがねのようなあしを水面につけています。よく見ると、あしの周りの水面が少しへこんでいます。ちょうど、水面にまくがあつて、あめんぼの体重で、そのまくがへこんでいるように見えます。

それでは、あしを動かしているのに、水面のまくがやぶれないのは、どうしてでしょうか。

そのわけを考えてみましょう。

とある部分に、板倉は「飛躍」を感じた。すなわち「水面には膜がある『ように思えます《ママ》』とある

だけなのに、そのすぐあとにつづく文章ではもう、その膜が実在するものとして話がすすめられている」。そこで、板倉はここに実験・観察という手段を取り入れて、科学的真理を確かめるべきだと主張したわけである。

さらにここで確認しておきたいことは、こうした読み手の文章表現への反応は、説明文が生産される現実的な場にねざす普遍的な問題だということである。矢島は、教科書の編集委員から「これが国語であること」、「理科との対比で4年では『表面張力』を学んでいない」ことを前提として執筆するよう依頼され、「テーマはアメンボであって、それがどんな生きものであるかを知ってもらうことをねらいとした。そして、他の文章とともに「昆虫のなぞ」という単元を構成して「科学的に調べるのにはいろいろな方法」があることをも示そうとしたと言う。そして、これらのことが文章表現を制約し、板倉の疑問や批判を呼ぶ一因となったわけである。

一般に、説明文の筆者は、ある目的のもとにある読者層を想定し、また一定の分量で書くことを強いられている。したがって、そういう制約の中で書かれた文章は、個々に能力や興味の異なる現実の読者から見れば、つねに不十分な点をもつのはむしろ当然と言える。それは、「水にうく仕組み」に限った問題では決してない。すべての説明文は、その文章の範囲内では完結しえないのである。

以上のような前提に立つならば、それだけ取り出すと、国語科の活動とは言いがたい実験や観察も、その契機が文章表現とそれに対する読者の反応にあるならば、国語科の学習として十分に意味をもちうる、ということになる。もちろん、個々の授業に実験・観察を取り入れるかどうかは、状況（事柄の重要度、学習者や教師の能力、時間的制約、物理的環境など）にもよるし、実験・観察の成果をいかに言語の問題へと回収してくるか、その手立ても問われなくてはならない。[14]だが、教科の枠を狭く限定して、学習者から自然にわき上がってきた疑問や興味とそれに基づいた実験・観察への欲求をつねに切り捨てていくならば、そこに大きな欠落が生じることは、前節までに見たとおりである。

ただし、誤解のないように付言すれば、板倉の論は、理科的内容をもつ説明文の学習では、常時、実験や観察による検証を行うべきだとの主張と解され、もしそうであるならば、それは、文章表現の存在そのものを否定することにもなりかねず、本章の立場とは本質的に異なるものであることを確認しておきたい。

6　情報化社会の中で

明治以来、国語の学習が文字言語重視であり続けたのは、その効用の大きさゆえであった。先の福沢諭吉の言葉をかりるならば、文字あるがゆえに「一室ニ閉居シテ戸外ヲ見ズ」に、「世間ノ情実ヲ模写シテ一目瞭然、恰モ現ニソノ事物ニ接スルガ如」(『西洋事情』)く、知識を広めえたことの意義は大きかった。しかしそう言った福沢も、三度、遣欧使節に加わって「現ニソノ事物ニ接」したことを思い起こす必要がある。文字によって当時一流の「知」を誇った福沢も、見ること（知覚）の誘惑は抑え難かったのである。「知」は、言語と知覚が結び合い、補い合うことを求めたのである。

しかしながら、当時、押し寄せる「知」について、一つ一つ「親験実試」し「悉ク実地ヲ践」むこと（大井憲太郎『自由略論』）は、すでに不可能なことであった。それから百年以上の時を隔てた今日の状況は、もはや当時とは比ぶべくもない。コンピュータを中心とした情報化はますます進み、言語による情報はいっそう増え続け、私たちは時間的、空間的、技術的に直接経験可能な範囲をはるかに超える世界を、それらによって構成していかなければならない。だがその時、私たちは、そうした疑似現実を、現実そのもののように錯覚することの危険性をも考える必要がある（疑似現実が映像によって構成される場合でも、それがデジタル化された情報である以上、言語と同様の性質をもつ）。説明する言語は、対象を一義的に明瞭に描き出そうとする。しかし説明される存在は、そこに描き出された姿よりも、はるかに複雑で豊かである。そのことを忘れないためにも、言語を、それには還元不可能な存在（自然や事物など）と突き合わせ、相対化し、その限界を見極める、という学習は、メディアリテラシーという観点からも、必要になるだろう。その有効な学習の場を、説明文は提供してくれるはずである。

［注］

1　板倉聖宣「『説明文』を『読む』ということ」『たのしい授業』No.六　仮説社　一九八三年九月

2　矢島稔「アメンボは特殊な足で水に浮いている——板倉氏の批判にこたえて——」『教科通信』第二一巻第七号　No.一〇二　教育出版　一九八四年四月。なおこの論争については、児童言語研究会編『国語の授業』（一光社）編集部「『水にうく仕組み』（教出・四年上）をめぐる論争」（同誌No.六三　一九八四年八月）に詳しく整理されている。

3　三上周治「『水にうく仕組み』（教育出版　国語四年下）をめぐるアメンボ論争について」児童言語研究会編『国語の授業』No.六五　一光社　一九八四年一二月

4　ピーター・F・ストローソン「指示について（On Referring）」（一九五〇年）藤村龍雄訳　坂本百大編『現代哲学基本論文集II』勁草書房　一九八七年七月

5　バートランド・ラッセル「指示について（On denoting）」（一九〇五年）清水義夫訳　坂本百大編『現代哲学基本論文集I』勁草書房　一九八六年一〇月

6　ルードウィッヒ・ウィトゲンシュタイン『論理哲学論考』（一九二二年）『ウィトゲンシュタイン全集１』奥雅博訳　大修館書店　一九七五年四月

7　沢田允茂『認識の風景』岩波書店　一九七五年一二月

8　ヤーコブ・ユクスキュル、ゲオルク・クリサート『生物から見た世界』（一九七〇年）日高敏隆、野田保之訳　思索社　一九七三年六月

9　ノーウッド・R・ハンソン『科学的発見のパターン』（一九五八年）村上陽一郎訳　講談社　一九八六年六月

10　ジャン・J・ルソー『人間不平等起源論　言語起源論』原好男、竹内成明訳　白水社　一九八六年一〇月

11　中村雄二郎『感性の覚醒』岩波書店　一九七五年五月

12　トーマス・クーン『科学革命の構造』（一九六二年）中山茂訳　みすず書房　一九七一年三月

13　小松善之助「ひとり読みとその磨き合いを軸に」『教育科学国語教育』No.三五三　明治図書　一九八五年一〇月

14　説明文の学習において、観察することをいかに言語の問題へと回収していくか、という手だてについては、田近洵一による「たんぽぽの　ちえ」（光村図書　小学校二年生用教材）を例とした提案（『言語行動主体の形成　国語教育への視座』新光閣書店　一九七七年七月）が、早くになされている。

第3章　論理を育てる「他者」という視点——「論理的」から「ロジカル」へ——

1　論理の対話性

論理の型や技術についてはよく議論されるが、論理はなぜ必要か、と問われることは多くない。けれども、この後者の問いの中には、最も基本的な問題が隠されている。

では、この問いに対して、思いつく答えはどのようなことか。一つは、自分の考えを明確にするために論理は必要だ、ということだろう。曖昧な考えのままでは正しい判断はできないし、適切な行動もとれない。しかし、これは事の一面ではあっても、そのすべてではない。

日常生活を振り返ってみよう。私たちは、必ずしも明確な論理構築を行って、判断したり、行動したりしているわけではない。にもかかわらず、それほど間違った行動ばかりもしていない。また、論理的には正しいように見えても、結果として判断を誤ることはしばしばある。もちろんこの場合、論理規則の適用の仕方は正しかったが、立論に必要なファクターを見落としていたとか、その意味づけを誤った、などと説明することはできる。しかし、これが自然科学の領域でのことならまだしも、社会や人間に関する領域においては、ファクター探しは切りがないし、そこに確定的な意味など見出しようもない。程度問題ということはもちろんあるが、原理的には、ここには絶対的な正しさなどない。その意味では、論理とは頼りないものなのだ。

だがそれでも、論理はやはり必要だ、と感じるときがある。それはどういうときか。私たちは、しばしば自分の考えや主張を、他者に分かりやすく伝え、そして納得してもらおうと努力する。私がこの文章を書いているのも、一つには自分の考えを明確にするためだが、いま一つには、「他者」に自分の考えを伝えたいという思いがあるからだ。そういう時、私たちは論理的であろうとする。つまり、論理は、円滑で効果的な伝達を行おうとするとき、必要になる。その意味で、論理とはその根底において対話的なのだ。あまりに当然すぎることのようだが、意外に、その重要性は認識されていない。

このことを考える上で、日本語でいう「論理的な」表現と英語でいう「ロジカルな」表現とは必ずしも一致しない、と指摘するシステム工学の専門家である西村肇の論考(1)は示唆に富む。氏は次のように言う。

日本語において「論理的」とは、「抜け」や「あいまいさ」がない「完全で正確な表現を指している」。これに対し、英語で「ロジカル」というとき、問題とされるのは、「わかりやすく」、賛否は別にして「主張そのものは十分に納得できる」、ということである。この違いを、氏は、保険の契約書とプレゼンテーションを例に説明する。日本語において論理的であることが、保険の契約書を代表的な例とするというのは、やや偏った見方だとは思うが、両者の相違はイメージしやすい。そして氏の論で最も注目したいのは、「ロジカルなパラグラフ」の流れを作る原理は「対話」にある、という指摘である。氏によれば、ヨーロッパの言語生活習慣は日本のそれに比べ、はるかに対話的であるが、「モノローグ」的形態をとる講演や論文、あるいは講義なども対話的であるという。聴衆の反応を見、未知の読者の反応を想定して、それに答えるように論を進める、そういう表現のあり方が「ロジカル」だと見なされる、というのである。これは、先の本章での指摘を別の角度から支えてくれる。

現在、私たちが用いる「論理」というのは、明治以降、欧米的なロジックを輸入しつつ形成されてきたもののはずである。だが、それは日本的な変形を受けてしまったのだろうか。論理の本家では、日本とは違って、その原理として「他者」との対話性が重視される、という。今日、論理の必要性が説かれるのは、そういう論理を尊ぶ欧米社会との円滑な、あるいは効果的なコミュニケーションが不可欠になってきた、という背景がある。そのような意味においても、対話性ということは、論理について考える場合、見落としてはならない視点と言えるのではないだろうか。

2 「他者」を想定する

西村は、日本人が日本語を使用している以上、欧米的論理(ロジック)の使い手にはなれないだろう、と述べる。言語がたんなる道具でない以上、言語がその使い手の思考を、ある程度、左右することはやむを得ない。だが、あたりまえのことだが、日本語も表現である。表現である以上、聞き手あるいは読み手を想定し、彼らと対話的な関係を維持しつつ論を進めるということは、とくに難しいことではない。日本語でしか思考することも表現することもできない私ですら、先に述べたように、文章を書いたり、講義や講演の準備をしたりするときには、ごく自然に読み手や聞き手を想定するようになっていた。そして、これは私だけの「秘術」でもなんでもない。

たとえば、計算機科学を専門とする木村泉は、『ワープロ作文技術』[2]という著書の中で次のような指摘をしている。氏は、本書の題名通り、ワープロ上で作文する技術について論じているわけだが、その中で書き下ろすコツとして「読者と対話するつもりで書くこと」を勧める。たとえばこんなふうである。

「字引ですか。苦手なんですよね。」
「ふうん。どう苦手なんです？」
「遅いんですよ。引くのが。不器用で。昔っからなんです。」
「そんな風には見えないけどね。」
「だから、高校生、いや多分中学生のころからなんです。劣等感持っちゃっているんですよ。」

そしてこの中から、こっちが言ったことだけをつなぎ合わせて文章にしてみる。

「筆者は字引が苦手である。不器用で、引くのが遅い。昔からなのだ。高校生時代、いや中学生時代からずっとそうだ。それ以来劣等感を持ち続けている。」

このように、「荒削り」だが「一応文章のような顔つき」をしたものができあがる。氏は、さらに想定読者に「質問」を投げかける、という方法も紹介しているが、原理は同じだ。

論理というと、すぐに論理の型とか技術とか、何か難しいことを私たちは思い浮かべがちである。もちろんそういう知識やそれを使いこなす言語技術はとても大切だ。だが、情報の受信者である聞き手や読み手を想定するということを意識的に行うだけでも、表現はずいぶん整ったものになる。

これに関連する興味深い実験がある。認知科学の研究者コーエンとライエルは「評価者としての教師」と「現実的な読み手」に向けた生徒（七年生）の作文を比較している。(3) すなわち、学校で書く作文は、教師に見せ評価されるために書かれる場合が多いが、そういう学校的状況下で書かれた「試験」用の作文と、「コンピュータ通信」で他国の同年代の生徒たちに向けて書かれた作文の出来を比較し（「試験」用の作文も「コンピュータ通信」の作文も被験者と作文の題は同じ）、二種類の評価を行った。一つは教師の全体的な評価、いま一つは評定者（実験のために依頼された教師とは別の者）による、内容や構成、語彙、言葉の使い方などの観点からの分析的な評価である。もちろん試験用の作文か他国の生徒に向けて書かれた作文かは、教師や評定者には伏せられている。

事前の予想では、試験用に書かれた作文の方が評価が高くなるだろうと考えられた。だが、事例は省くが、結果はあらゆる観点において、他国の生徒、すなわち「現実的な読み手」に向けて書かれた作文の評価の方が有意に高かったのである。このような結果が出た理由について、コーエンとライエルはさまざまな検討を行っているが、最も根本的だと思われるのは、教室には欠けている「コミュニケーション」という目標が「現実的な読み手」に向けた作文では設定できる、ということである。そのような「現実的な読み手」意識が、子供たちに、内容や構成、語彙などの整った、より洗練された作文を仕上げさせたのだ。

日本の国語教育においても、新聞作りや他校との交流のための文集作りといったことの中には、そうした読み手意識を育てる、という重要な意味がある。だがそれは、あまり自覚的ではないようだし、また限られた場でしか行われていない。戦後の教育はコミュニケーションを重視したから、学習指導要領を見ても、いま以上に、情報の受け手である「相手」意識は明瞭だった。しかし、なぜかそれ以後の国語科における表現の学習指導では、この点が曖昧になってしまった。論理ということが、それ自体で完結してしまって、それが本質的にもつ他者との「対話性」が忘れ去られてしまっている。いわゆる「生活文」や「感想文」にも論理はあるはずだが、子どもたちは、いったい誰に向かってそれらを書かされているのだろうか。

論理的な表現の育成を考えるなら、まずは、それが「他者」に向けられたものなのだ、という初歩的な自覚の育成から始めるべきではないか。論理に関する知識や技術は、そういう意識の中でこそ、その重要性が理解され身に付くはずであろう。

3　現実の「他者」を位置づける

想定された「他者」よりも、現実の「他者」の方が、当然のことだろうが、論理を鍛える上で、より重要な契機となる場合が多い。

また私ごとになるけれども、私は文章を一通り書き終えると妻に読んでもらうことが多い。というのも、やや形容矛盾のようだが、妻が最も身近な「他者」だからだ。そしてこれも、私だけの「秘術」などではもちろんない。私と同列に並べるのははばかられるけれども、作家の高橋源一郎も妻に原稿を読んでもらう、と聞いたことがある。氏の場合は、小説だから、いわゆる論理的な表現には当たらないだろうが、先に紹介した木村も「他人」に読んでもらうことを勧めている。それはなぜなのか。前節で論じた想定された「他者」は、しょせん書き手の分身にすぎず、その枠からは出られない。だが、現実の「他者」は書き手を超えて、思わぬ反応や、曖昧なままにしておいたところなどを遠慮なく指摘してくる。その意味で「現実の他者」は論理を鍛える上でとても大切な存在なのだ。

香西秀信は「意見を述べることとは、反論することだ」として、意見を述べることそのものの中に、すでに対立する「他者」が想定されていることを指摘している。(4) そして、その論考の中で、討論と意見文とを比べつつ現実の「他者」の重要性について次のように述べている。

（一）意見文の場合、反論してくるのは頭の中のフィクションとしての他者であるが、討論の場合は、現実の「真の」他者である。

（二）意見文では自らの誠実さにおいて自問自答を繰り返さなければならないが、討論では相手が勝手に反論してくれる。

（三）　意見文の構想の際に思いつく異論・反論は、自分の枠から出られないが、討論の場合は、「真の」他者によるものだけに、思いもしなかったものが出てくる可能性がある。

（引用者が適宜簡略化した）

したがって「思考を深める」という点において、「真の他者」に出会える討論は、意見文よりも「有利な条件」をもっている、というのである。

このように「現実の他者」（真の他者）は、「想定された他者」（フィクションとしての他者）を超えて私の論理に異論を唱えそれを鍛えてくれる。そしてアメリカの作文教育では、そういう「他者」を自覚的に位置づけているようだ。

入部明子は、アメリカの作文教育の新しい動向として、過程を重視するプロセス・アプローチを紹介しているが、その中で次のように述べている。(5) 一般的に推敲（リヴァイズィング）は、「内容の推敲」と「メカニズム（文法や表記）の推敲」とに分けて行われるが、前者は、

学習者が個人的に作業として推敲を行うのではなく、生徒と教師、あるいは生徒同志のグループ等で推敲がなされることが多い。これはコンファレンス（conference）と呼ばれ「書き手」に「読み手」の存在の大切さ、「表現」の意味を教える大切な場である。このような推敲の場は、

ライティング・プロセスの中で最も重要な場として位置づけられることが多〔い。〕

堀江祐爾もアメリカの作文教育における「推敲」について詳しく紹介した論考の中で、類似した指摘を行っている。(6) 氏は、小学校高学年ではクラス全体で一つの作文を「共同推敲」し、グループ推敲は中学校レベルのこととしているが、狙いは同じであろう。つまり、作文を書く過程の中に、「他者」と出会う場を設定し、論理を「他者」との関係において構築していこうというのである。もちろん論理に関する知識や言語技術は、ここで生かされるはずだ。

日本の国語教育においても、前節で触れた新聞作りや文集作りなどでは、作文する過程で他者を介入させる場が提供される。だが、例外はあるにしても、一般的には、この点に関して、それほど自覚的ではないように見受けられる。想定される「他者」だけでなく、現実の「他者」を表現の学習過程に位置づけることの効果をもっと検討すべきであろう。

4 「他者」へのまなざし

論理はたしかに大切だし、それに裏打ちされた言語技術を身につけることも大いに望まれる。しかし、論理そのものにばかり目を奪われることは危険だ。というのも、論理それ自体は中立的な技術という側面が強いかもしれないが、実はそれを用いる側の感性的な力によって、その行方が大きく左右される、と考えられるからである。

数学者の藤原正彦から、次のような話を聞いた。(7) 論理とは、ある事象を捉え、そこから結論を導き出す過程に働く。したがって論理が正しければ結論も同じになると考えがちである。だが実は、もとの事象をいかに受け止めるかによって、結論は大きく変わってしまう。つまり、論理を用いる側の「情緒力」（感性などと言い換えた方が一般的かもしれない。引用者注）こそがまず問題なのだ、と。

同様の指摘は、精神科医である香山リカの『テレビゲームと癒し』(8) の中にも見ることができる。近年めだつある種の犯罪の原因は、若者がテレビゲームなど仮想現実に親しんでいることにあるとする論の横行に、逆に「癒されている」人々の事例を示して、氏は疑問を提示する。そして、その中で次のような指摘をする。

ゲーム研究の場合は、最初に研究者が「好き」という態度で臨むか、それとも「きらい」「心配だ」という態度で臨むかによって、結論がほぼ決定されてしまう傾向にあるというわけです。

一定の客観性が要求される研究という領域においても、論理の適用以前にその事象を感性的にどう捉えているかが、結論を左右してしまう、という例である。

だとすれば、論理の力を真に価値あるものとするためには、その基礎として感性的な側面、換言すれば、「他者」へのあたたかなまなざしを養うことも忘れてはならない。その意味でも、論理はそれ自体で完結するのではなく、「他者」との対話性に支えられている、と言えるのだ。

[注]

1 西村肇「『論理的な』表現と『ロジカルな』表現」『言語』第二六巻第三号　大修館書店　一九九七年三月

2 木村泉『ワープロ作文技術』岩波書店　一九九三年一〇月

3 Cohen&Riel 1986 Computer networks : Creating real audience for Students' writing. Interactive Technology Laboratory, Technical Report No.15, Univer-sity of California, San Diego. ただし、引用は杉本卓「文章を書く過程」(『教科理解の認知心理学』新曜社　一九八九年五月)による。

4 香西秀信『反論の技術――その意義と訓練方法――』明治図書　一九九五年八月

5 入部明子「アメリカの作文教育における近年の動向――作文教育におけるプロトコール分析――」『国語指導研究』第三集　筑波大学国語指導研究会　一九九〇年三月

6 堀江祐爾「アメリカの作文教育――推敲指導を中心に――」藤原宏編著『思考力を育てる国語教育』明治図書　一九八七年四月

7 国立国語研究所主催「新プログラム研究　国際社会における日本語についての総合的研究」第四班研究会における藤原正彦氏の講演(一九九七年四月二九日)から。

8 香山リカ『テレビゲームと癒し』岩波書店　一九九六年一〇月

第4章　今江祥智「野の馬」論——幻想世界の可能性——

1　現実と非現実

一九八〇年前後から、小学校の国語教科書教材に、いわゆるファンタジー作品が多く採られるようになる。だが当時から、ファンタジーは「『生きる知恵』とは反対の、現実から目をそむけ、一時的にもせよ、自己の心の内なる平安という『幻想』に閉じこもる方法」[1]だとの批判がなされるなど、ファンタジー作品を教材として取り上げる理由は必ずしも明確ではない。そこで本章では、小学校六年生用教材のファンタジー作品・今江祥智作「野の馬」（一九六五年）を通して、非日常的な世界を描き、その点で確かに現実逃避とも見えるファンタジー作品に触れることの意義について考えてみたいと思う。

ところで、「ファンタジー」を定義するこころみは、すでに多く行なわれてきているが、それほど納得のいくものはないように思われる。それは、佐藤さとるが言うように、[2]

ファンタジー論というものが先にあって、その理論によってファンタジー作品が生まれてきたわけではない

からだ、という事情にもよるのだろう。こうした定義づけの困難さは、むろん「ファンタジー」に限られるわけではなく、文学ジャンルの定義づけなどにはよく見られることである。したがって本章でも、そうした困難な仕事に深入りはしないが、ただ、「野の馬」を考察するにあたって、以下に示す点に関しては考えておく必要があるように思われる。

言うまでもないことだが、ファンタジーについて論じたものを見ると、「現実」と「非現実」という言葉を多く目にする。後者については、「幻想」「空想」などといった言い方もされるが、意味するところはだいたい同じと考えられる。つまり、ファンタジーと呼ばれる作品は、「現実」に対立する「非現実」「幻想」「空想」などを扱った文学作品であるという点に関しては、多くの論者の意見は一致するわけである。

それならば、なぜ「非現実」的な世界を扱うのか。それに対する一般的な答え方は、次の言葉[3]に

代表されるだろう。

ファンタジーは、現実には起こり得ない不思議（異次元の世界）を描き出し、そのことで人間の真実を深くとらえたり、人間の可能性を追求しようとする

だが、こうした説明に、私たちは即座に納得するわけにはいかない。なぜならば、「現実には起こり得ない不思議」な出来事が、なぜ「真実」へとつながり、「人間の可能性」を示しうるのかがわからない。すなわち「非現実」的な出来事や「幻想」などと呼ばれているものが、どのような機能をもち、それがどのように私たちに働きかけてくるのかが説明されなければ、上述のような答え方には意味がないからだ。

またたとえば、

日常世界とはまったく異質な世界をつくり出す想像力の可能性に目を開かせる

あるいは、

非現実の世界の構築は子どもの願望とも強く結びついている

などという説明(4)を付加してみても、やはり疑問は残る。「野の馬」に即して言えば、太郎のひいた緑色の一本の線は、彼の想像力のあらわれであり、びょうぶの中の絵の馬を野に放ちたいという思いは、子どもらしい想像力の発揮であり願望であり愛情の表現であるに違いない。

だが、そのことを、私たちは本当に手放しでよしとすることができるのだろうか。どうも私たちは、「想像力」とか「子供の願望」という言葉に弱いが、太郎のひいた一本の線は、一面ではやはり「落書き」には違いないのではないか。「野の馬」の過去の教材研究をふりかえってみると、

馬がびょうぶの白一色の背景におかれていることは、閉じこめられた自由のない状態である(5)

と異口同音に言うが、本当にそう決めつけられるのだろうか。ある記号は、それをとり囲むコンテクストによって意味を限定されるが、背景が白一色であれば、その記号は何の限定もうけず、解釈は多様でありうる。そのように考えると、父ちゃんが「宝物」として守っていた背景が白一色のこの馬(記号)の絵は、本当にすばらしい絵だったのかもしれない。少なくとも、太郎がそこに草原をかける馬を想像することができたのは、背景が白一色であったからだろう。すでに、森なり海なり

が背景として描かれていたならば、太郎の想像力もこのようには働かなかったに違いない。そうしてみると、太郎が緑色の線をひいたことは、作品の多様な解釈を限定する行為、あるいは完成された芸術作品にとっては、やはり「落書き」的行為と言うべきではないか。むろん、その行為が太郎の馬への愛情だったとしてでもある。

ここで私は、びょうぶの絵が完成されたすばらしい芸術作品であるという解釈を主張したいわけではない。大切なことは「子ども」の想像力なり願望なりは、「大人」の現実にとっては「落書き」的行為でありうるということである。「現実」を無視して、世の中に「落書き」的行為が氾濫していたのでは、人間は生存すらおぼつかない。「現実」とは、私たちをたんに縛りつけるだけではなく、一方では私たちに安らかな生存を保障する約束事でもあるのだ。そういう「現実」の重みを忘れて、想像力なり願望なりを美化しすぎるのは間違いであろう。

2　幻想の力

しかしながら、以上のことを確認した上で、私たちはここに言う「想像力」や「願望」なりの価値を認めることはやはり可能である。動物はそれぞれの種固有の現実をもっている。彼らの生体への関与の仕方によって、外界は等しく秩序づけられ、その意味では個体差は通常ないと考えられる。

しかし、人間は個体差はもちろん、地域や民族などによって文化の差がかなりはっきりと存在している。すなわち、人間をとりかこむ「現実」のあり方は一様ではないのである。ある者にとって意味あるものでも他の者にとっては無意味でありうる。太郎にとってクレヨンの線は「いいこと」であるのに、父ちゃんにとっては「落書き」でしかない。これは、岸田秀が言うように、(6)

われわれの知っている現実とは、擬似現実であり、作為された現実である。現実とは「そういうことになっている」ところのものである。なぜ「そういうことになっている」かの絶対的根拠はどこにもない

からだろう。「ご先祖さま」から伝えられた「すばらしいびょうぶ」は「宝物」として大切にしていかなければならないし、古い街並は守らねばならないという「現実」の約束事は、なぜそうしなければならないのかとつきつめていくと、その根拠が薄弱になってくる。その意味では、この「現実」も「幻想」の一形態と考えることができる。ただ、すでに「そういうことになっている」ところの現実に従っていれば、私たちの多くは、とりあえず安らかに生活できるのだ。そうした「現実」を岸田は「共同幻想」と呼ぶ。つまり、他の動物とは違って「本来の意味での現実を見失った」人間は、その「代理物として、われわれ各個人の私的幻想」を所有し、その中で「共同化」できる「幻

想」を「暗黙の合意によってあたかも現実であるかのごとく扱」って生きているというわけである。[7]

そしてここで大切なのは「私的」であれ「共同化」されたものであれ、両者ともに本質的には「幻想」であるということである。より多くの人間によって共同化されている部分が「現実」と呼ばれ、そうでない部分は人の心のどこかに抑圧されて潜むことになる。それは、たとえば眠って周囲(現実)との接触を断ったとき見る夢に、共同化されなかった私的幻想、非現実的な世界があらわれることから推察される。[8] このように「現実」が本質的に「幻想」であるということを確かめることによって、「非現実」的なもの「幻想」的なもののもつ力もまた明らかになる。

「現実」はたしかに私たちの生活を安定させるが、一方では惰性化し、私たちを縛りつけ、時に苦痛をもたらす。だが「現実」とは、絶対的根拠をもたない「幻想」であると言うとき、それは、本質的に組み替え可能であることが分かる。あるいは組み替えまで行えなくとも、その疑似性をあばくことはできるかもしれない。そしてその「現実を超えてゆくときの足場となるの」が「われわれの(私的)幻想である」[9]。この私的幻想とは、これまで「非現実」「幻想」「空想」などと呼んできた個人的な「想像力」の産物を指す。だとすれば、私たちは一見ありえないようなことを考える「想像力」や「願望」をも大切にしなければならない。それらこそが「現実」の幻想性をあばき、組み替える力の源泉となりうるのだから。[10] 太郎のひいた一本の線は、ある幻想にとっては「落書き」にすぎなくとも、別の幻想からすれば「いいこと」に映るという事実は、そこに、私たちの硬直した現実的価値観をゆるがす可能性が秘められていることを意味する。このように、私的幻想あるいは想像力は、「現実」と呼ばれる一見自明に見える事柄や価値を相対化する力をかくしもっているのである。

そして以上のようなまわり道をした上で、ファンタジーが「人間の真実を深くとらえ」「人間の可能性を追求」するものであるという先の説明を受け入れることができるようになると思われる。

3　登場人物の図式化

太郎の家には、すばらしいびょうぶがある。父ちゃんは、いつも、こいつは先祖代々の宝物だでなあ……と言い、年に一度の、花祭りの時にしかかざらない。

（『国語6上』教育出版　一九九一年版。本章における「野の馬」からの引用は全て同書による）

という作品の冒頭をもとに、たとえば、船津幹雄は次のように言う。[11]

とうちゃんはこのびょうぶの値うちを先祖代々の宝物だというところにみているのだ。とうちゃんはびょうぶに描かれた絵には関心がない。（略）大切なのは先祖代々伝えられてきているという事実なのだ。

また、萬屋秀雄もそういう父ちゃんを「俗物的な父親」と呼び、びょうぶの絵の馬を「生きているすばらしい馬」として「感動して見ている」太郎を、感受性豊かな少年だと言う。[12] さらに父ちゃんについては、「子供に、こんな絵がわかるかよ。」という言葉や「緑の地平線をかい」た太郎を「ばつとしてひと晩」「倉へいれた」行為をもって、「保守的[13]」で、「暴力で制圧してしまう権力的」「権威主義的な父親[14]」だとイメージが強化される。こうした太郎と父ちゃんの対照的な捉え方が、この作品の教材研究史上に共通して見られる図式であり、それぞれの教材研究の出発点となっている。そして、びょうぶの白一色の背景の中に描かれた馬は、権威主義的な父親に抑圧された太郎と重なる「閉じこめられた自由のない[15]」存在として把握され、「父ちゃん」対「太郎」と「馬」という図式が完成される。

だが、この図式は、揺るぎないものなのだろうか。唐突ではあるが、芥川龍之介の「手紙[16]」という作品の一節を引いてみよう。

僕はいつも小説などを読むと、二人の男性を差別する為に一人を肥つた男にすれば、一人を痩せた男にするのをちよつと滑稽に思つてゐます。それから又一人を豪放な男にすれば、一人を繊弱な男にするのにもやはり微笑まずにはゐられません。

芥川は物語の一般的な人物造形の対称的な図式化に疑問を投げかけている。もちろん、芥川がわざわざこう言うからには、そうした図式化が物語の常道ではあったのだろう。だがそれだけに、私たちの頭の中には、そうした図式化を知らず知らずのうちに行ってしまう認知的枠組みが形成されていて、あまりに簡単にそうした図式化を行いすぎていないか、と常に反省してみる必要がある。

そこで作品の表現をいくつかひろい出して検討してみよう。まず、父ちゃんの「こいつは先祖代々の宝物だでなあ……」という言葉や「年に一度の、花祭りの時にしかかざらない」という行為が、父ちゃんの絵に対する無理解、関心のなさ、さらには俗物性を証するに足る表現であるかどうか。船津は「それは、父ちゃんが『馬』ということばを一度も口にしていないところでもわかる」と言うが[17]、それは、父ちゃんと太郎とが同等の量と質とをもって描き出されている場合には、このような見方は意味をもつだろうが、「野の馬」は全体としては「太郎」の心理や行為に焦点があてられ、量的にもその描写にほとんど終始しているのである。そういうなかで、父ちゃんの絵に対する無理解、関心のなさ、俗物性といったことを云々するのは、そのイメージを強化しすぎているのではなかろうか。むしろ、父ちゃんの心理にはほとんど焦点があてられていないということからすれば、「先祖代々の宝物だでなあ……」という詠嘆的な言葉づかいや「年に一度の、花祭りの時にしかかざらない」という行為に、父ちゃんの馬の絵を思う気持ちを読みとることも可能なのではないか。「先祖代々」伝えられるからには、やはり絵として「すばらしい」ものであったのだろうし、「たからもの」という言葉の響きからは、絵に対する父ちゃんの思いを感じとることもできるだろう。先述したことだが、太郎が「いかにも、悲し」く感じた「白一色の背景」も、森や海などを背景として限定された世界よりも、より芸術性が高いと見ることは可能かもしれないし、何よりも父ちゃんは、そのように感じとっていたと考えられなくもないだろう。だが、ここでは、そのように読むべきだと主張しているわけではなく、従来の図式化が行きすぎであり、そしてそれを相対化する視点をもつことが、この作品の教材研究を硬直化から救うことになるのではないか、と考えるのである。

父ちゃんが絵を「宝物」として大切にし、太郎の「落書き」を恐れるのは、絵が「すばらしい」ものであれば、むしろふつうであたりまえのことではないか。従来の研究は物語における人物の対称性という図式に安易にこの作品をあてはめすぎてしまったのではないだろうか。とすれば、この作品の主要な問題も、従来の図式をもとにしたそれとは、異なってくるはずである。

4　作品構造の図式化

船津はすでに述べた図式の上に立って、この物語を主人公太郎が「とうちゃんを拒否して新しい世界に向う」「強さ」と、「線をひくことによって」「行動力を獲得し」て、「成長していく」物語と捉えている。[18] 同様の捉え方は、萬屋の「野の馬と太郎の、束縛からの解放・自立の過程」を描いたものという見方[19]や、府川源一郎の「とうちゃんと訣別し自立への道を踏み出す物語だ」とする見方[20]、また大宮貞昭の「白一色の背景の中に置かれている馬は、今の太郎自身でもあった。緑の地平線を背景に立った馬こそ、今父親の手からのがれて自由に走り回る太郎の姿でもあったのである。」とする見方[21]などに共通し、いわば通説化してきている。

だが、このようなおおかたの見方に対して批判がなかったわけではない。たとえば広瀬省三は、このような作品の捉え方では、

今まで弱々しくて行動できなかった子が強くなって、父にそむく力を身につけたということになって、この作品の流れからそれた、別の物語になっていくような気がします。

と言い、[22] また高森邦明は、「子どもの自由へのあこがれ」や「父親の圧迫からの逃走というような」捉え方は「観念にまぎらわされて」いるとする。[23] この両氏の通説への批判は非常に大切な指摘であると思われるが、その根拠はいまひとつはっきりしない。そこで本章なりにその点を考察してみることにしよう。

「野の馬」と同じ作者によって書かれ、やはり馬の出てくるファンタジー作品「小さな青い馬」（一九五九年）の主人公のぼると先の太郎とを比較してみると、大きな違いのあることがわかる。それは太郎がびょうぶの中に「消えていってしまった」のに対して、のぼるは幻想的な世界で出会った馬との別れのあと、現実の世界にもどって強くなっているということである。友だちのないのぼるは自然とだけ遊び、はらっぱを「はだか馬にまたがってはしりまわることをゆめみ」、とうちゃんがいない夜は、「早いとこ、とこにもぐりこん」で死んでしまった「かあちゃんのゆめをみた」りしていた。そんなのぼるは、幻想的な世界で出会った子馬が「ピタリとこなくなった」とき「なみだがあふれそうだった」けれども、同時に、

> だけんど、がまんしろ！（略）おれにはこんなええとうちゃんがいるに！それに、おれは男の子なんだに！（佐藤さとる編『ファンタジー童話傑作選1』講談社　一九七九年二月所収「小さな青い馬」による。本章における「小さな青い馬」からの引用は、すべて同書による）

と自分に言い聞かせられる少年になっていた。のぼるこそ、幻想的な世界を経ることによって「強さ」を獲得し「自立への道」を踏み出したと呼ぶのにふさわしい。のぼるは来年から小学生になるのである。

だが、「野の馬」の太郎には、そうした成長のあとや強さは見られない。太郎は、のぼるとは異なって現実の世界へもどることはなく、幻想の世界へと「消えていってしまった」のである。清水真砂子はファンタジーにおいては「現実の世界」と「錯覚の世界」との間に「帰ってくる道が閉ざされてはならない。行きっぱなしは危険である」と指摘しているが、[24]河合隼雄も「超越の世界にのみ心を奪われてしまうと、命を失うほどの危険が生じる」と、心理学の立場からその危うさを説いている。[25]だとすれば、幻想の世界へと消えていった太郎に、もはや通説のごとく「強さ」や「行動力」、そして「自由」の獲得、さらには「解放」や「自立」といった側面を見ることは不可能なのではないだろうか。

言うまでもなく、物語の主人公が物語のはじめで欠けていた何かを獲得し成長して物語を閉じるという通説的な捉え方も、物語の常道的な図式であった。かつてウラジーミル・プロップは、ロシアの昔話の登場人物の機能分析を行ったが、[26]その分析によって抽出された物語のパターンが、まさに「欠如」から「獲得」へと向かう物語の構造であった。それは日本の研究者によって日本の昔話についても検証が試みられ、[27]またアメリカにおける物語の認知研究でもプロップの説がもとにされており、[28]ほぼ普遍的な物語の構造であると考えてよい。したがって、私たちが物語を解釈するとき、こうした図式化の力が自然に働いて、主人公が何かを獲得したものと考えてしまうことはありがちなことであろう。「野の馬」の通説的な解釈のありようは、まさにそうした図式に無批判にはまり込んでしまったと言えるのではないか。むろん、そのような図式にぴったり当てはまる作品もあるであろうが、柄谷行人の「小説は物語の上にきずかれた、いわば物語の自意識というべきものであって」という発言[29]は、近代以降に創作された作品を読む私たちに、物語の図式にはまり込むことの危険性を説いたものと読め、だとすれば「野の馬」も近代の産物である以上、その読みにおいては、そうした図式化への注意は怠ってはならないように思う。太郎は通説の説くように何かを獲得したわけではない。広瀬の言うように、太郎は「これまでの太郎とちっとも変わらない太郎」であり、「自己変革をとげたのではない[30]」のである。

5　太郎の幻想

前節までは、太郎と馬とが束縛から自立し、解放され、自由になるという「野の馬」の通説化した解釈が、あまりに図式化されすぎたものであったということを検証してきた。それでは、そういう図式から「解放」されたとき、この作品はどう読まれうるのだろうか。

高森は、「馬を自由に解放してやるべきだとか、父親に対する反抗というようなものではなく、馬と一体化したい、乗ってかけたいという」太郎の「思い」「心情」を読みとることこそが大切なのであり、そういうことは、「現実ではなく、ファンタジーのなかでしか生じないことである」と指摘している。(31)

本章では、これまで登場人物と作品構造の図式化に疑問を提示してきた。もし、その疑問が認めうるものであるならば、この作品において重要な意味をもつのは、高森が指摘するように、「幻想」というファンタジーと呼ばれるジャンルの特性の部分である。つまり問題は、その「幻想」によって何が可能になったのか、ということである。

「子供に、こんな絵がわかるかよ。」と言われて、父ちゃんに「追いたて」られた太郎は、「山へ続く道」で「あの馬に食わせてやればなあ……」と思いつつ「草をつんでいた」。そして「毎晩のように、あの馬の夢を見」、「夢の中ではいつも、太郎はあの馬に乗って、海のように広がる草原を、かけているのだった」。そして「明くる年の花祭りの日」に太郎は「緑色のクレヨン」で白一色の背景に「緑の地平線をかいてやっ」て「もう一度馬をながめ直してみると、気のせいか、馬の目に命がともり、体全体が、生き生きしたように見えた」。落書きをした罰として太郎は倉に入れられるが、「真夜中」、月の「青い光の中で、馬はひっそりと太郎を見つめ、太郎は、その前に立ちつく」す。やがて「野の向こうからふいてくる風にふかれて、馬のたてがみが、ふうわりと、なびき始め」、絵の馬は、いつしか「ほんものの馬」となっていた。非現実的で幻想的な出来事がおこったのである。

しかし、ここで非現実的で幻想的な出来事は、たんに絵の馬がほんものの馬になるという物理的な出来事のみではないだろう。太郎はあの馬に食わせてやろうと草をつんでいたように、はじめから絵の馬とほんものの馬とのちがいを明確に意識していたわけではない。クレヨンで緑の地平線を描いたのも、絵とほんものとのちがいが明確でなかったことのあらわれではないか。子どもにしか、おそらくは可能でない類のそうした絵との交流が、太郎には太郎の「現実」としてあることの意味を私たちは考えてみるべきだろう。大人は絵を絵としてその芸術性を認め、その意味でその絵を大切に思う気持ちをもつことはできる。それが大人の「現実」である。しかし、絵を生きているものとして大切に思う気持ちは、大人にとっては非現実的な幻想でしかないが、子どもには「現実」としてある世界なのだ。そういう子どもの現実を、大人は、実は、笑うことはできない。たとえば、墓前に花や食物を供える行為は死者に花を愛で食物を食べてもらいたいという「思い」のあらわれだが、そういう行為は長い歴史の中で慣習化して「現実」的な行為として受け止められ、笑うものはあまりない。それならば太郎のように絵の馬に草を与えようとしたりする行為だけが、なぜ「幻想」と呼ばれるのか。ここには「現実」と「幻想」との区別の「絶対的根拠」のなさが垣間見られる。

先述したとおり「共同化」された「幻想」のみが「現実」と呼ばれ、そうでない部分が「幻想」

と呼ばれる。大人の「現実」においては、墓前に花や食物を供えることに込められた「思い」は「共同化」されていて「現実」と呼ばれる世界の枠組の中に位置づけられているが、絵の馬に草を食わせてやろうとする「思い」は「共同化」されず、「現実」という枠組の中には入ることができないまま「非現実」「幻想」と見なされる。つまり、両者ともに物理的にはありえないことに「思い」を込めていながら、「共同化」されているもののみが「現実」と呼ばれ、そうでないものが「幻想」とされるわけで、そこに「絶対的根拠」はない。

そのように考えてみると、太郎の「思い」のあらわれである「草をつむ」ことや「クレヨンで線をひく」こと、つまり太郎の「幻想」は、「共同化」されることによって「現実」となった世界の「幻想」性をあばく力を秘めていることが分かる。「野の馬」をファンタジー作品として読もうとするならば、この太郎の「幻想」＝「思い」の価値こそ大切にされなければならない。それは、通説に言うように、太郎のたんなる愛情としてだけでなく、「現実」と呼ばれる世界の秩序をズラして、私たちにその無根拠性、あるいは幻想性をあばくものとして価値づけられなければならない。

6　教材化への視点

以上の考察は、おおむね作品研究としてのそれであって、こうした理屈をそのまま教室にもち込もうというのではない。

上野瞭は、子どもが「ふしぎな世界」に入るのは「人間認識」などのためではなく、「それは大人の配慮であっ」て、

子どもは、それに気づく場合もあるし、気づかない場合もある。気づくとしても、それは「ふしぎな世界」を腑分けして、ことばや観念だけを取りだすやり方によってではない。大人はそうした理解の仕方をするだろうが、子どもはそうはしない。物語のなかに展開される「ふしぎな世界」を、そっくりそのまま楽しむ仕方で理解するのである

と言う。(32)たしかに文学作品から「ことばや観念だけを取り出」してみても、それほど面白くはないだろう。それよりも上野が言うように、「そっくりそのまま」楽しませることの方が良いに違いない。ただここで留意したいのは、太郎の馬への「思い」を、非現実的だと見くだすような現実の価値観をゆるがし、相対化するような方向へと授業を展開させたい、ということである。非現実的に見えることは、本当に意味のないことなのか。また、自明だと思われている現実に、どれほどの根拠があるのか。「幻想」(思い)というものの方から、「現実」と呼ばれるものを見つめ直してみると、ありふれた日常の風景もちょっと違って見えてくるかもしれない。そういうことのきっかけに、こ

の作品がなればと思う。
新たな価値が模索されつつある時代。子どもの世界から大人の世界へと、少しずつ歩みはじめた六年生に、自分の「野の馬」を探させてみることは、決して意味のないことではないだろう。

［注］

1　市毛勝雄「幻想物語と寓話」『教育科学国語教育』№二九七　明治図書　一九八二年一月

2　佐藤さとる『ファンタジーの世界』講談社　一九七八年八月

3　萬屋秀雄「ファンタジー作品と子どもの出会いを考える」『月刊国語教育研究』№一七九　日本国語教育学会編　一九八七年一月

4　萬屋秀雄『現代読書教育を拓く』教育出版センター　一九八六年三月

5　萬屋秀雄『現代児童文学教材の解釈と指導』明治図書　一九八一年七月

6　岸田秀『ものぐさ精神分析』青土社　一九七七年一月。なお、「共同幻想」という用語は、吉本隆明の『共同幻想論』(河出書房新社　一九六八年一二月)ですでに広く知られている語だが、両者がこの語を用いて描き出そうとしたところには大きな隔たりがあったようである。岸田の場合は、この語を用いて現実の幻想性を指摘することに主眼があったように見受けられるが、吉本の場合は、それは自明のことであり、かつ恣意的な現れに過ぎないものとされ、問題はむしろ、そうした幻想を可能にする共同的な心的機構を描き出すところにあったように思われる。おそらく吉本の試みの方がより根元的な問題を扱っていたはずだが、本章では、現実と呼ばれるものの幻想性自体を問題としたため、岸田の論によった。

7　岸田秀『ものぐさ精神分析』青土社　一九七七年一月

8　岸田秀『幻想を語る　2』河出書房新社　一九八五年六月

9　岸田秀『ものぐさ精神分析』青土社　一九七七年一月

10　この「現実」と「幻想」との関係は、ソシュールの言うラングとパロールとの関係のアナロジーとして考えると、より分かりやすいかもしれない。ラングは私たちのコミュニケーションを円滑にするための体系であるが、同時にそれは私たちを縛りつける制度でもある。しかしラングはなぜ「そういうことになっている」かの絶対的根拠があるわけではないのだから、私的な言語活動、すなわちパロールによってラングは常に組み替え可能なのである。ここでも安定した体系からはみ出した私的な活動が、その幻想性をあばき、また組み替えていくという重要な役割をになっている。

11　船津幹雄「『野の馬』一時間の授業をこう組みたてた」『国語の授業』No.四二　一光社　一九八一年二月

12　萬屋秀雄『現代児童文学教材の解釈と指導』明治図書　一九八一年七月

13　船津幹雄「『野の馬』一時間の授業をこう組み立てた」『国語の授業』No.四二　一光社　一九八一年二月

14　萬屋秀雄『現代児童文学教材の解釈と指導』明治図書　一九八一年七月

15　萬屋秀雄『現代児童文学教材の解釈と指導』明治図書　一九八一年七月

16　芥川龍之介「手紙」『中央公論』第四二巻第七号　中央公論社　昭和二年七月。ただし引用は、『芥川龍之介全集』第九巻（岩波書店　一九七八年四月）によった。

17　船津幹雄「『野の馬』一時間の授業をこう組みたてた」『国語の授業』No.四二　一光社　一九八一年二月
18　船津幹雄「『野の馬』一時間の授業をこう組みたてた」『国語の授業』No.四二　一光社　一九八一年二月
19　萬屋秀雄『現代児童文学教材の解釈と指導』明治図書　一九八一年七月
20　府川源一郎「一本のクレヨンの線――『野の馬』（今江祥智作）――」『月刊国語教育研究』No.一三二　日本国語教育学会編　一九八三年五月
21　大宮貞昭「『野の馬』どこに注目するか」『教育科学国語教育』No.三二〇　明治図書　一九八三年七月
22　広瀬省三「教師の読みと授業――船津氏の授業記録を読んで――」『国語の授業』No.四二　一光社　一九八一年二月
23　高森邦明『続児童文学教材の研究』鳩の森書房　一九八一年九月
24　清水真砂子「ライトソン「ぼくはレース場の持主だ！」の現実」『国文学』第三二巻第一二号　学燈社　一九八七年一〇月
25　河合隼雄『子どもの宇宙』岩波書店　一九八七年九月
26　ウラジーミル・プロップ『昔話の形態学』（一九二八年）北岡誠司・福田美智代訳　白馬書房　一九八三年一〇月
27　たとえば、小松和彦『説話の宇宙』（人文書院　一九八七年一一月）など。
28　たとえば、D・E・ラメルハート「物語の構図についてのノート」（〈一九七五年〉淵一博監訳『人工知能の基礎』近代科学社　一九七八年一〇月）など。
29　柄谷行人「歴史と自然」『意味という病』河出書房新社　一九七九年一〇月
30　広瀬省三「教師の読みと授業――船津氏の授業記録を読んで――」『国語の授業』No.四二　一光社　一九八

一年二月
31　高森邦明『続児童文学教材の研究』鳩の森書房　一九八一年九月
32　上野瞭『現代の児童文学』中央公論社　一九七二年六月

第5章　吉野弘「夕焼け」論——行為する者と見つめる者——

1　「灰色の月」（志賀直哉）批判と「夕焼け」批判

太宰治は、彼の自殺によって絶筆となった「如是我聞《にょぜがもん》」（『新潮』一九四八年〈昭和二三〉三月〜七月）の中で、いわゆる「老大家」批判を展開した。なかでも志賀直哉へのそれは痛烈を極めたことで知られるが、その一節に次のようにある。(1)

さらにまた、この作家に就いて悪口を言ふけれども、このひとの最近の佳作だかなんだかと言はれてゐる文章の一行を読んで実に不可解であつた。

すなはち、「東京駅の屋根のなくなつた歩廊に立つてゐると、風はなかつたが、冷え冷えとし、着て来た一重外套で丁度よかつた。」馬鹿らしい。冷え冷えとし、だからふるへてゐるのかと思ふと、着て来た一重外套で丁度よかつた、これはどういふことだらう。まるで滅茶苦茶である。いつたいこの作品には、この少年工に対するシンパシーが少しも現はれてゐない。つつぱなして、愛情を感ぜしめようといふ古くからの俗な手法を用ゐてゐるらしいが、それは失敗である。しかも、最後の一行、昭和二十年十月十六日の事である、に到つては噴飯のほかはない。

右に「最近の佳作だかなんだかと言はれてゐる文章」とは、昭和二一年（一九四六）一月に雑誌『世界』に掲載された志賀の戦後の代表作の一つとされる「灰色の月」を指す。この作品は「昭和二十年十月十六日」の夜に、志賀自身が渋谷行きの「電車」の中で経験したことをほぼそのまま書いたとされる。その概略は以下のようである。(2)

東京駅から電車に乗った「私」は「少年工と思はれる十七、八歳の子供」の横に腰を下ろしたが、「その子供の顔」は「眼をつぶり、口はだらしなく開けたまま、上体を前後に大きく揺つて」いて、餓死寸前の様子である。そしてその子が、「窓外《そと》を見ようとした時」、「重心を失ひ、いきなり、私に倚りかかつて来た」。「後でどうしてそんな事をしたか、不思議に思ふのだが、其時は殆ど反射的に倚りかかつて来た少年工の身体を肩で突返した。これは私の気持を全く裏切つた動作で、自分でも驚いたが、その倚りかかられた時の少年工の身体の抵抗が余りに少なかつた事で一層気の毒な想ひをした」。その少年工は、実は渋谷から上野に向かうつもりであったのが、乗り越して、また渋谷に向かつているのだと、他の乗客とのやり取りから知れるが、その時、少年工が「どうでも、かまはねえや」と「独語《ひとりごと》」するのを聞いて、乗客たちは少年工の事には触れなくなる。そして次のような「私」の述懐で作品は閉じられる。

私もその一人で、どうする事も出来ない気持だつた。弁当でも持つてゐれば自分の気休めにやる事も出来るが、金をやつたところで、昼間でも駄目かも知れず、まして夜九時では食物《くひもの》など得るあてはなかつた。暗澹たる気持のまま渋谷駅で電車を降りた。

昭和二十年十月十六日の事である。

太宰は、この作品に、志賀、厳密に言えば語り手である「私」の「少年工に対するシンパシーが少しも現はれてゐない」ことを批判したわけであるが、他にも同様の批判はあったらしい。「続々創作余談」(3)(『世界』一九五五年六月)には、「この短編を『世界』の創刊号に出した時、批評で、私がこの子供の為めに何もしなかつた事を非難した人が何人かあつた」とあり、この作品に対して、その道徳性を問うような批判が幾つかなされていたことが分かる。

言うまでもなく、本章で取り上げる吉野弘の詩「夕焼け」(主に中学校二年生及び高校生用に取り上げられてきている詩教材）も、電車の中での出来事を素材としている。そして「灰色の月」と同じように、宇佐美寛によって道徳性を問うような批判がなされ、それを契機として宇佐美と望月善次らとの間で論争が繰り広げられた[4]。ともに電車の中での席譲りが素材で、同じような批判がなされたことは、偶然ではあるが、興味深い一致であった。もちろん、出来事の内容や登場人物の在り方などには、のちに見るような差もあり、まったく同じに扱うことはできない。

だがたとえば、この作品に「つつぱなして、愛情を感ぜしめよう」という「手法」を認めつつも、太宰はそうした表現手法のレベルを超えて、作品にあらわれている作者の道徳的な態度を批判していることは、望月が「夕焼け」は「非写実的方法」による作品であるがゆえに、宇佐美によってなされた「実人生での価値基準を前提とした評価を直接ぶつけて否定」するような道徳的批判は「殆ど意味をもたない」という「夕焼け」擁護の論[5]が、論として必ずしも説得力をもたないことを思わせる。詳しくは専門の研究に譲るが、太宰による志賀の道徳性を問うような批判については、否定的な評価ももちろんあるが、文学史的に高く評価し、それを文学作品に対する正当な批評として扱う立場も有力である[6]。また近代において文学が多く道徳と無縁でなかったことを思えば、文学作品を論じるにあたって、道徳に関わる問題を扱うことは、批評の一つの観点として正当なことだと考えてよいのではないだろうか。

したがって、「夕焼け」に向けられた宇佐美の次のような批判[7]は、望月のとった方法では、やはり退けることはできないように思う。

この詩に出ているのは、無責任な自己たちである。状況に対しては何もしないで、内部の感情に甘える自己たちである。(略)

「夕焼け」のような感傷的で女くさい詩を彼ら(宇佐美が米国留学中に出会った他国の留学生。引用者注)が読んだら吹き出すだろう。事実、今つきあっている米国の大学教授に訳して聞かせたら、苦笑していた。こんな詩をありがたがっているひよわな自己の日本人では、これからの世界の中でどうなることかと思いやられる。(略)

こんな詩が文学なのだったら、私は文学がわからなくて幸福だと言わざるを得ない。

そこで本章では、以上のような批判を念頭に置きつつ、それとはやや違う角度から「夕焼け」を読み直し、この教材の可能性について考えてみたいと思う。

2 「夕焼け」・「灰色の月」・「我鬼」(菊池寛)における語り手たち

「夕焼け」では「としより」に二度席を譲り、三度めには「うつむいて」席を立たずに「下唇をキュッと噛んで身体をこわばらせて」いた主人公の「娘」と、そうした様子をただ見ているだけで状況に関わろうとせず、娘を「やさしい心の持主」とか「受難者」などと呼ぶ「僕」という語り手、そして、宇佐美は否定しているが、結局はそうした作品世界を作りだした作者が批判されている。一方「灰色の月」は、「倚りかかって来た少年工の身体を肩で突返し」、結局なんの救いの手も差し延べずに「暗澹たる気持のまま渋谷駅で電車を降りた」「私」という語り手と、「『灰色の月』はあの通りの経験をした。」(「続々創作余談」)と言う作者が批判された。もちろん、志賀のこの作品の場合、私小説という形式が用いられているため、語り手と作者の区別は、理論的にはともかく、現実的にはその区別を立てにくいことは言うまでもない。

ところで、これらに共通しているのは、いずれも、登場人物でもある語り手が、その場の状況に関わろうとせずに、たんなる傍観者的な振舞いしかしていないという点である。これに対し、やはり電車の中での出来事を素材とした菊池寛の「我鬼」(8)(『新小説』一九一九年〈大正八〉三月)という小説は、以下に見るように、これらと比較するには、たいへん興味深い作品と言える。それは、「我鬼」の主人公である「彼」が、「夕焼け」の「僕」とは違って、状況に積極的に関わって他人の道徳性を批判しつつ、しかも最後には自身の道徳性をも批判する存在だからである。そこでその概略を紹介してみよう。

毎日電車に乗る「彼」は、「一定の標準を定めて」、それに適合する人達に「席を譲る事」にしていたが、「後悔する事が、段々多くなって」、席を譲らないこともふえていた。そんなある日、電車に乗ってみると、中央部は空いているのに、車掌の誘導を無視して、入り口の所ばかりに乗客が重なっていた。そこで彼は乗客を故意に押し除けながら、中央部に進み、吊革につかまった。そして「電車内の道徳を、最も正直に遵奉した者であると云う子供らしい得意が、彼を少し愉快にした」。だがその時、さっき自分が押し除けてきた中に、「七十に近」い「老婆」が「痩せ凋びた右の手を、露わに延ばして吊革に依って漸く身体を支えて居る」のに気がついて、「平然として収まり返って居る乗客の一群を、彼は心から憎み始めた」。そこで「老婆の立って居る事に対して、最も責任のある乗客」は誰かと「その辺りの乗客を、一々点検し」、「二十四五ばかりの男」と「五十に近い男」とを「最も多く軽蔑した」。そのうちに、憤慨に疲れて「ぼんやりとした気持ちになりかけて」きた時、急に電車が止まり、老婆の近くの席が空いた。それを見て彼が「そこへ腰掛けたいと思って、吊革を持って居る手を離して、その方へ動こうとした」時、「きっきの老婆が蒼惶として、飛び付くように、その空いた座席に縋り付いて居るのを見」た。「それを見ると、彼は自分が作って置いた陥し穽の中へ落ち込んだように絶望的な駭きを感じた。彼はいつの間にか自分自身、老婆の存在を忘れて居たのである」。「その時、彼の良心は、明かにベソを」かき「不快な蕭条たる気持」になった。軽蔑した二人の男に「相済まぬように思われて仕方がなかった」。彼らに憤慨したのも、老婆のためではなく、「自分の道徳的意識がその事実に依って、傷つけられた事に依っての憤慨であって、全く利己的なものであるかも分からないと思った」。そして「人間は自分で意識し注意し、警戒して居る中は、どんな道徳的な様子でも、することが出来るが、一旦その注意が無くなると、忽ち利己的な尻尾を出してしまうものだ」と考える。「彼は、ふとAと云う友人が『我鬼』と云う俳号を付けて居るのを思い出した」。それは「支那人」が「自我《エゴ》と云う意味を、我鬼と云う」ことによっていた。「我鬼《エゴイスチックデモン》！　そうした言葉が彼のその時の心に、ヒシヒシと徹《こた》えて来るのを覚えた」。

この作品における「彼」は、「夕焼け」の「僕」や「灰色の月」の「私」が物語に登場する一人称の語り手であるのに対して、三人称で示された主人公ということになるが、物語の内容は、すべて「彼」の目を通したものであり、その意味では、先の一人称の語り手と同様の機能を担っていると考えてよい。そこで、この三者のそれぞれの作品における在り方を比較してみたい。

「我鬼」の「彼」は他の登場人物と同様に、その場に明確な位置が与えられ、行動もする。また他の登場人物を批判的に見つつ、やがてその批判を自分にも向け、自分を相対化する存在である。「灰色の月」の「私」は、その場に明確な位置が与えられ、行動する自由も与えられている。だが、他の登場人物と会話を交わすだけで、積極的な行動をとらず、また自分の振舞いを反省することも少ない。これらに対して、「夕焼け」の語り手である「僕」は、先の人物たちと同じように登場人物でありながら、その場での位置を明確にしがたい。それは、行動の自由すら与えられず、状況を〝見つめる〟ことだけを許された、純粋な語り手の位置に「僕」が退いていることを暗示しているように思われる。

このように「夕焼け」の語り手は、「我鬼」の「彼」や「灰色の月」の「私」と、その在り方を異にすると考えてよいのなら、そのことが、作品世界においてどのような意味をもつのかを考えてみなければならない。

3 「僕」の役割

「我鬼」における「彼」は、他の登場人物の道徳性を批判しつつ、最後には、その批判を自分に向ける存在である。つまり、「彼」も他の登場人物と同質の「利己的」存在として描き出されている。また「灰色の月」の「私」も、他の登場人物と同質の存在として描き出されている。餓死寸前でありながら、自ら行動することもなく、また他に救いも求めず、ただ「どうでも、かまはねえや」と「独語」するだけの少年工は、なすすべをもたない存在である。そして、「私」も具体的な行動はもちろん、他人や自分を批判すらせずに、ただありのままを見つめ続けるだけの存在である。だがその、ただ見つめ続けるという行為は、その場に遭遇した登場人物すべてに唯一許された行為であり、そのことが、敗戦直後の時代状況の中で、誰もがなすすべをもたなかったことを象徴的に描き出している。

しかし、「夕焼け」における主人公の「娘」と語り手である「僕」には、そうした同質性は認められない。たしかに「僕」は何も状況に働きかけない。だからそこに、宇佐美は「無責任」で「内部の感情に甘え」る「ひよわな自己」の「娘」との同質性を見た。だが「我鬼」では、「彼」が電車の中を移動し、「老婆」のそばに「立って居る」こと、またその老婆と席争いを演じてしまうことなどが明確に描かれ、「灰色の月」では「私」が少年工を左にして座席に座り、少年工と会話すら交わすが、「夕焼け」の語り手である「僕」は、車中のどこにいるかさえ分からず、行為することも封じられているかのようだ。「僕」の存在が確認されるのは、詩全体四五行のうち「僕は電車を降りた。」の一行にすぎない。もちろん、分量は本質的な問題ではないだろう。だが、次に述べる点からも、「我鬼」の「彼」や「灰色の月」の「私」と、「夕焼け」の「僕」とでは異なった役割を負っているように思われる。

「夕焼け」は、先の「僕は電車を降りた。」の一行で大きく二つに分けられる。前半では満員電車の中の「娘」と彼女を取り囲む状況とが語られ、後半では「美しい夕焼け」に包まれて電車が去る中、「娘」について「やさしい心の持主」だとか「受難者」などと「僕」の思いが語られる。前半は、ほぼ電車の中での出来事の描写からなり、後半は、「美しい夕焼け」の中にその電車を包み込みながら、「娘」の行為を語り手が解釈し評価するという構成である。

そこで、「僕」の役割は次のように考えることができる。すなわち、後半での解釈と評価を満員電車の中からは見にくい夕焼けの中に包み込むために、視点の移動が必要とされ、その移動を不自然でなく行うために「僕は電車を降り」なければならなかった。それはたとえば、『源氏物語』のある部分では、本来、主人公であるはずの光源氏が、彼を描き出すためでなく、「〈場面〉の引き回し役」、すなわち「物語内容の展開のための、あくまでも機能的なもの」として存在すると言われるように(9)、「夕焼け」の「僕」も電車の内から外への視点の移動を自然に行うための純粋に「機能的なもの」として存在したということである。

もし以上のように、「僕」という語り手が、その状況に関わることを封じられた純粋に機能的な存在にすぎないならば、「僕」を「娘」と同じレベルで批判することは意味をもたないことになる。「僕」に許されているのは、行為することではなく、それとは異質な、ただ見つめ続けることと解釈し評価することだけなのである。そしておそらく、ここに作品を読み解く鍵がある。

4　行為する者と見つめる者

「夕焼け」に描かれた「娘」が、「無責任」で「内部の感情に甘え」る「ひよわな自己」であるということに異論はない。しかし、そのことを以てただちに、この作品の文学としての価値、教材としての価値が損なわれるとは言えないと思う。

たしかに、この「娘」は「ひよわ」であるにちがいない。だがそれは、たぶん多くの人々にとって思い当たる「事実」でもある。少なくとも作者にはそう思われたであろうし、それを教科書教材に採用した編集者やそれを支持してきた中学や高校の教師たちにもそう思われたに違いない。もしそうであるならば、この「ひよわさ」は、たとえ道徳的には問題があるとしても、文学作品に描かれる対象ではありうる。そもそも日本の近代文学は、坪内逍遙以来、人間の「事実」をありのままに描くことに多くの努力を払ってきた。その逍遥の『小説神髄』(一八八五〜八六年〈明治一八〜一九〉)には次のような一節がある。[10]「小説の主脳は人情なり。世態風俗これに次ぐ。人情とはいかなる者をいふや。曰く、人情とは人間の情欲にて所謂百八煩悩是なり」。この「人情」は「劣情」「迷ふ心」などとも言い換えられ、そうした「心のうちの内幕をば洩す所なく描きいだして周密精倒、人情をば灼然として見えしむるを我小説家の努とするなり」。したがって小説家は「只傍観してありのまゝに摸写する心得にてあるべきなり」。いわゆる写実主義の提唱である。この逍遥の影響のもとに書かれた二葉亭四迷の『浮雲』(一八八七〜八九年〈明治二〇〜二二〉)では、知識人がそのひよわさゆえに悲劇に至る「事実」が、内海文三に託されて描き出されていると見ることができようが、以来、日本の文学は、人間の「事実」として多くの「ひよわさ」を描き続けてきた。もちろん、このことは主として小説ジャンルの問題ではあるけれども、「夕焼け」のような詩は、人の日常の在り方を素材としている点で、この系譜に連なるものと見てよいだろう。

だが、これで問題が片付くわけではない。というのも、逍遙は「ありのまゝに摸写」せよと言い、それを受け継いだ人々も基本的にはそれを自己の創作原理としたが、しかしそこに、「やさしい心の持主」だとか「受難者」などという解釈や評価を付け加えようとしたわけではないからである。つまり、逍遙以来、文学は人間の「事実」を描こうとしてきたが、それはあくまでも「ありのまゝ」の「摸写」が目指されたのであって、その事実に対する直接的な解釈や評価は、むしろ避けられてきたように思う。したがって、「夕焼け」が「ありのまゝ」を描こうとしたのなら、「やさしい心の持ち主」だとか「受難者」などという「娘」への賛辞は不要である。

それならばなぜ、語り手の「僕」は、ひよわな「娘」に賛辞を贈ったのか。それは主人公である「娘」が、その状況の中での〈行為する者〉であったのに対し、「僕」は、すでに述べたように、ただ〈見つめる〉ことだけを許された者だったということに、おそらくは関わっている。もし「娘」と同じように、〈行為する者〉としての資格が「僕」に与えられていたならば、「娘」と同じく行為者としての責任を「僕」は問われるべきであろう。しかし、それはあらかじめ封じられ、「僕」の立場は行為する者を〈見つめる〉ことにだけ限定されている。ここに存在するのは〈行為する者〉と、それとは異なる立場に立つ〈見つめる者〉であり、その差異の中に賛辞の秘密は隠されているように思われるのである。

席を譲るか否か、それは宇佐美が言うように簡単には決めがたいことかもしれない。しかし、どちらを選ぶにしても、少なくとも〈行為する者〉としては、「娘」のように「うつむい」たり「身体をこわばらせ」たりするような「ひよわさ」があってはならない、というのが理想であろう。あるいは理想などとおおげさに言うこと自体、すでに、ひよわさを露呈しているのかもしれないが、それはともかく、問題は〈見つめる〉ことだけが許された者は、行為者が自己を律するのと同じ原理で、行為者を批判しなければならないのか、という点にあると思われる。人はつねに行為者として状況に関わるわけではない。状況から離れて、ただ行為者を〈見つめ〉、話を聞くことだけが許される、という場に立たされたとき、人はどのように行為者に接したらよいのだろうか。

その点について、中野好夫の『文学の常識』（一九五一年）の中の「文学と道徳——アリストテレスのカタルシス論——」[11]を参考に考えてみよう。少々古い評論だが、名著として知られるだけでなく、一九六一年に再版されており、「夕焼け」が書かれた頃（一九五八年）の文学をめぐる「常識」の一端を知ることができる。そこには以下のような一節がある。

> 親鸞の「歎異抄」という名高い書物がありますが、その中で彼はやはり、「善人なおもって往生をとぐ、いわんや悪人をや」といっております。これは普通世にいう逆説《パラドックス》というものです。（略）世の常のいわゆる善人、いいかえれば、恐ろしい悪の力というものを何も感じることなくて、楽々と善人としての生涯を生きとおすことのできる人、そんな人が、かりにもあって、それが

極楽に行けるものならば、善をなさんと思いながら、なにか暗い不可解な力に阻まれていっこうなしえず、してはならないと思う悪はいつのまにか犯しているという、そういった善意志にかかわらず悪を犯し、罪の意識に苦しんでいる悪人というものが、どうして極楽に行けないということがあるものか。そうした自力作善に絶望した人間がひたすら他力をたのむ、その悪人に真実報土の往生をとげさせることこそ弥陀の本願でなくて、ほかに何があろうかというのです。

中野はこれに続けて、人間はこのように「善と悪の奇怪な二重性」をもち、その悪は浄化されることを求めているとして、アリストテレスの言うカタルシスの効用を説くが、ここでは、むしろ次の点に注意したい。すなわち「善をなさんと思いながら、なにか暗い不可解な力に阻まれていっこうなしえ」ないという自己の意志どおりに必ずしも行動できない弱さをもつ人間、そういう者をこそ救おうとする立場が存在することである。親鸞は、行為者が悪をなした状況に自らも行為者としてかかわっていたわけではないだろう。おそらく、そういう人間を見、あるいは告白を聞くなどしたのにちがいない。

〈行為する者〉は、あくまでも自己に厳しくあろうと務めねばならず、自らその弱さを責めるべきであろう。それが〈行為する者〉の原理である。だが、そういう人間を見つめ、あるいはその告白を聞く立場にある者は、彼を責めるのではなく、むしろそういう弱さの中での葛藤のゆえにこそ、理解し、救いとなる言葉を投げかけてあげることがあってよい。つまり、〈行為する者〉と〈見つめる者〉とでは、振る舞い方の原理が異なる、ということである。少なくとも中野は、後者の立場に立つところに文学の存在意義の一つを認めていたのである。

これに近い考え方は、さらに遡って、福田恆存の「一匹と九十九匹と――ひとつの反時代的考察――」[12]（一九四七年）と題された評論にも見ることができる。周知のように、この有名な評論は、政治と文学をめぐる論争を背景として書かれたもので、その点やや誇張された面はあったかもしれないが、それだけ文学の立場というものを鮮明に打ち出していて分かりやすい。福田はこの中で、先の中野と同様に宗教にその足場を求め、イエスの「なんじらのうちたれか、百匹の羊をもたんに、もしその一匹を失はば、九十九匹を野におき、失せたるものを見いだすまではたづねざらんや。」という比喩を「ぼくなりに現代ふうに解釈してゐた」として、次のように述べる。

かれ（イエス。引用者注）は政治の意図が「九十九人の正しきもの」のうへにあることを知つてゐたのにさうゐない。かれはそこに政治の力を信ずるとともにその限界をも見てゐた。なぜならかれの眼は執拗に「ひとりの罪人」のうへに注がれてゐたからにほかならぬ。九十九匹を救えても、残りの一匹においてその無力を暴露するならば、政治とはいつたいなにものであるか

――イエスはさう反問してゐる。かれの比喩をとほして、ぼくはぼく自身のおもひのどこにあるか、やうやくにしてその所在をたしかめえたのである。ほくもまた「九十九匹を野におき、失せたるもの」にかゝづらはざるをえない人間のひとりである。もし文学も――いや、文学にしてなほこの失せたる一匹を無視するとしたならば、その一匹はいつたいなにによつて救はれようか。（傍点は引用者）

さらに福田は、この一匹とは「あらゆる人間の心のうちに」いるもので、「みづからがその一匹であり、みづからのうちにその一匹を所有するもののみが、文学者の名にあたひする」と言う。ただし誤解のないよう付言すれば、福田の言う政治とは、必ずしも「悪しき政治」を指すのではない。「善き政治であれ悪しき政治であれ、それが政治である以上、そこにはかならず失せたる一匹が残存する」ということであり、またこの政治への「反発は政治の否定を意味するものではな」く「政治の充全な自己発揮を前提とし」たものなのである。

さてここで、「政治」を「道徳」にそのまま置き換えることには、もちろん注意が必要であろう。だが「政治」も「道徳」も、ともに〈行為すること〉こそが問われる、という点では共通している。どちらも「ひよわ」であってはならないのである。ところが、多くの人間には、行為すべきことを知りながら、時に、それをなしえないという「ひよわさ」が事実としてある。たぶん福田の言う「失せたる一匹」とは、そういう人間の「ひよわさ」をも指している。もしそう解してよいならば、福田が考える文学の存在意義とは、この「ひよわさ」＝「失せたる一匹」をこそ見つめ、理解し、救いとなる言葉を投げかけてあげることにあった、と言ってよいのではないか。

だとすれば、語り手が「娘」に投げかけた「やさしい心の持主」「受難者」などという過剰な賛辞は、思い通りに行為できない「娘」のひよわさに「失せたる一匹」を見た語り手が、「娘」と同じ〈行為する者〉の立場ではなく、それとは異質な原理に立つ、〈見つめる者〉の立場から投げかけた救いの言葉であった、と見ることができるように思う。そしておそらく、文学作品を教材とすることの意味の一つも、さまざまな弱さを抱えて苦しむ人間を、〈行為する者〉の立場からではなく、それとは原理を異にする〈見つめる者〉の立場から見る見方に触れるところにある、と言えるのではないだろうか。

5　いまの子どもたちにとって

以上のように、「娘」に課せられた〈行為する者〉の立場と「僕」に課せられた〈見つめる者〉の立場とを分けて考えてみたとき、宇佐美の批判は、必ずしも正鵠を射たものではなかったと言えるように思う。

だがそれでも、宇佐美の「こんな詩をありがたがっているひよわな自己の日本人では、これからの世界の中でどうなることかと思いやられる。」という批判をすべて解消することは難しいのかもしれない。なぜなら、たったその程度の事にまで救いを求めずにはいられないほど、日本人はひよわなのか、とは言えそうだからである。だが作者だけでなく、多くの人々が「娘」に見られるひよわさを日本人の「事実」と認めるならば、私たちは、とりあえず、そこから始めるより仕方がない。ただし、そこに「事実」を認めるのが、この作品を教材化してきた大人たちだけでないならば、「夕焼け」が書かれて四〇年以上がたつ。いまの子どもたちは、もっとたくましく、あるいはもっとずるく振る舞い、私たちの想像を遙かに超えた存在かもしれないのである。

［注］

1　太宰治「如是我聞」『太宰治全集』第一〇巻　筑摩書房　一九七七年二月

2　志賀直哉「灰色の月」『志賀直哉全集』第四巻　岩波書店　一九七三年一〇月

3　志賀直哉「続々創作余談」『志賀直哉全集』第八巻　岩波書店　一九七四年六月

4　望月善次『論争・詩の解釈と授業』（明治図書　一九九二年一〇月）に詳しく整理されている。

5　望月善次『論争・詩の解釈と授業』明治図書　一九九二年一〇月
6　荻久保泰幸「如是我聞」『国文学　解釈と教材の研究』第三二巻一号　学燈社　一九八七年一月
7　宇佐美寛『国語科授業批判』明治図書　一九八六年八月
8　菊池寛「我鬼」『菊池寛文学全集』第二巻　文芸春秋新社　一九六〇年三月
9　福田孝『源氏物語のディスクール』書肆風の薔薇　一九九〇年七月
10　坪内逍遙「小説神髄」『明治文学全集16　坪内逍遙集』筑摩書房　一九六九年二月
11　中野好夫「文学と道徳——アリストテレスのカタルシス論——」『文学の常識』角川書店　一九六一年三月
12　福田恆存「一匹と九十九匹と——一つの反時代的考察——」『昭和批評体系』第三巻　番町書房　一九六八年三月

第6章　主題指導とは何だったのか——方法としての主題へ——

1　主題指導批判

いわゆる主題指導は、今日多くの批判にさらされている。なかには無用論さえないわけではない。そこには正解到達主義に陥りやすかった従来の文学教材の読みの学習指導への反省があり、その点では大いに評価すべき現象だと思う。けれども、主題指導に向けられた批判にも、後に述べるように、ある安易さがあることは確かだし、主題という語は日常でも広く用いられている。したがって、反省すべき点は大いに反省すべきだが、その上でなおこの語を用いることに何らかの有効性を認め得るなら、それはしっかりと見極めるべきだと思う。本章では、そうした観点から、主題指導とは何だったのか、そしてその新たな可能性はどこにあるのか、を考えてみたい。

そこでまず、主題指導批判が盛んになりはじめた一九八〇年代の批判を幾つか振り返ってみよう。一九八二年に行われたある対談で、小学校教諭で文教連（日本文学教育連盟）の常任委員などを務めていた安藤操は次のような発言をしている。(1)

また有力な国語教育学者といわれる人も主題学習を支持しているんですよ。たとえば仮説検証学習の亜流が文学作品の授業にも入ってきているんです。仮説を立てて検証していって最後に確認するという指導過程です。仮説というのは科学研究法の一つです。ところが、文学作品にそれが導入されてきますと、まず最初に「この作品で作者はなにを言おうとしているのか」と問いかけて、それに対して子どもたちに一回読ませて答えを言わせる。
それを予想といって、それでは、その予想が正しいかどうか、調べて行きましょうというわけで、指導要領にいう技能指導をしていき、最後にまとめさせるわけです。それが検証と確認だと言うわけです。

この安藤の批判からは、文学の学習が科学研究と似たやり方で行われていたということだけでなく、主題が学習の終局に位置付けられ、その正しい理解が読みの目標とされていたという実態を読みとることができる。まさに正解到達主義的な学習の在り方だが、そうした文学の読みの学習の在り方は、たとえば『文芸作品の主題の理論と指導』(2)の著者である蓑手重則の次の発言(3)とも重なって、それが、当時広く行われたスタイルであったことをうかがわせる。

子どもたちが直観主題として発表したものから主題内容として多少でも正しいものは残し、さらにそれらを幾つかの直観主題として分類し整理して、次の精読段階の検証主題と比較するために残すことにする。

一方、市毛勝雄は、一九八〇年に、主題指導批判の先駆けとなった著書『主題認識の構造』を公刊しているが、その中で次のように述べている。(4)

これまでの主題指導が必ず落ちこんだ落し穴が、主題は一つ、という固定観念であり、あれかこれか、これであればあれではないという二者あるいは三者択一の考え方であった。作者が実現しようとした統一的観念の実在を信じ、それを探るべく精魂を傾けてきたのであった。

この市毛の批判は、正解というものへの不信の表明と言ってよいように思うが、次の一九八二年に書かれた宇佐美寛の批判は、主題を安易に口にすること自体への懐疑である。(5)

なぜ作品の文章そのものが言うべきことを言っているのに、それと別のはるかに粗雑な言葉で主題なるものを言わせる必要があるのか。

以上から主題指導批判の論点を簡単に整理してみよう。まず第一点は、主題は一つか、あるいは主題は異なる読者に同一の姿を現しうるのか、という問題である。これは、文学の読みに正解はあるのか、と言い換えることもできるだろう。第二点は、作品が言うべきことを言っているのにそれより粗雑な言葉で主題を言わせることに意味があるのか、という問題である。これは主題の理解を学習の目標とすることへの疑いと言ってよいかもしれない。そして第三点は、以上を検討する上で避けることのできない問題、つまり主題とは何か、という問題である。大きく言えばこれら三点が、当時の主題指導批判によって焦点化されつつあったように思われる。(6)

2　主題とは何か

形成原理としての主題

そこで第三の問題点、すなわち主題とは何か、という問題から検討を始めてみよう。まず、戦前において、主題を重視した論者はこの語をどう定義していたのか、簡単に確認しておこう。

○石山脩平『教育的解釈学』賢文館　一九三五年四月（引用は、『教育的解釈学・国語教育論』〈明治図書　一九七三年二月〉によった）

精読段階の中心的課題は全文の主題の探求決定である。即ち作者が原体験を素材としてそれを表現の想にまで構成するに当つて、何を意図し、如何なる価値方向に導かれて、それを成したかといふ点の考察である。従つてそれは作者の構想の指導原理であり、想化作用の中心方向である。（略）全文を反復熟読し、そこに捉へられたる事象や情調を全一的構造に統一し得べき価値方向を想定することである。

○西尾実『国語国文の教育』古今書院　一九二九年一一月（引用は、『西尾実国語教育全集』第一巻〈教育出版　一九七四年一〇月〉によった）

私のいおうとする主題は、むしろ情意的傾向として成立する動因を含んだそれであって、これが一作品の制作においては最も直接な形成原理をなすものである。

これに類似した考え方は川端康成の次の定義にも見られる。

○川端康成『小説の構成』三笠書房　一九四一年（引用は、一九八三年七月刊のスティルス選書版

〈スティルス社〉によった）

題材や筋立ての奥にあつてこれを支配する小説の根本的統一原理である。

これらに共通するのは、主題とは作品を「統一」する「形成原理」（「指導原理」）となるもの、という考え方である。この原理とは、一般的には「思想」や「考え」などとされることが多いようだが、西尾の定義にあるように「情意的傾向」、言い換えるなら「感情」などと言った方が適当な場合も少なくないように思われる。そこで以上を簡単にまとめるなら、主題とは「作品を統一する形成原理として働く思想や感情」などと言うことができよう。それはまた、主題というものが作者の「意図」に近くかつ「唯一」のものである、ということをも含意することになるはずである。

沖山光の主題観

ではこれらに対して、戦後、独自の読みの理論を構築し、それを実践する団体等を率いるなどした論者たちは、「主題」をどう考えていたのだろうか。まず、文部省教科調査官を務め、昭和三〇年代に「構造的読解指導」を提唱した沖山光《おきやまひかる》の主題観を、その『読解指導の原理と方法』（新光閣書店　一九六〇年八月）、『意味構造に立つ読解指導』（明治図書　一九六〇年九月）を参考に見てみよう。

沖山によれば、戦後の「生活につながる実用的な国語指導」が色々な弊害をもたらした。たとえば、読解指導と言いながら、「素材的なことをあれこれと話し合うことに終始する学習」（『読解指導の原理と方法』）や、読解と言うより「ことばのいいかえ」的な学習（『意味構造に立つ読解指導』）などがそれに当たる。そこで氏はこうした現状を打破すべく、言葉を「相互依存関係」において捉える「構造的読解指導」を提案した。氏はソシュールの言語（ラング）と言（パロール）という考え方に立脚して、表現とは「書き手の自己表現」＝「言」である、として以下のように述べている。

書き手個人の、語の選択、その結合は、書き手が読み手に語りかけようとする意味の焦点に、みごとに統一づけられていなければ、表現とはならない。したがって、読むことは、書き手が、意味の焦点において、それぞれの語、およびその結合によって描き出そうと目ざしたところのものを読みとろうと努力することである。書き手の所産としての表現を無視しては読解はなりたたない。（略）

読解とは書き手の立場から考えられるべきことであって、読み手の立場を、そこにあてはめ、おしつけることは、「自己流の読み」となってしまうことに、深い関心と理解とをもってほしい。

（『意味構造に立つ読解指導』）

「読解とは書き手の立場から考えられるべきこと」という言葉には、今日では強い違和感があろうが、このような考え方を基本的な立場とした沖山にとって、「主題」とは「意味の焦点」であり、書き手の「意図」そのものであったのである。すなわち、

読解するとは、書き手の思考をたどって、書き手の言わんとすること（主題や意図）を読み取ることなのである

（『読解指導の原理と方法』）

詳論はしないが、ここからは先に見た作品の「形成原理」としての主題、作者の「意図」とほぼ同義で、当然「唯一」であるはずの主題、つまり戦前の解釈学に通じる主題観を確認することができる。

教科研の主題観

これに対し、日教組とも深い関わりをもった教科研（教育科学研究会国語部会）の奥田靖雄は、その「文学作品の内容について」（奥田・国分一太郎編『国語教育の理論』麦書房　一九六四年一二月。初出一九六三年）において、主題と作者の意図とを同一視する沖山の主題観を強く否定した。それは、主題＝意図とすることで、作品に描かれた「生活現象」を知覚させ理解させる指導がおろそかとなり、読みの学習が「作者の意図をもとめて、ゆたかな形象をきりすてながら、ひんじゃくな概念にそれ

をまとめあげていく」「低級な修身＝イデオロギー教育になりさがってしまう」と考えたからである。

では、奥田の主題観とはどんなものであったのか。氏は「主題」とそれに関連する幾つかの概念とを区別して以下のように述べる。

文学作品のなかには、人間の生活現象が具体的な形象としてえがきだされている。作品のなかにもちこまれている人間の生活現象のことを、ぼくはここでは「ことがら」となづけておく。そして、その一般的な表現を「主題」という用語でしめすことにする。「ことがら」という用語が作品のなかにえがきだされている個別的な生活現象をさしているとすれば、「主題」という用語はその生活現象に内在している一般的なもの（本質的な部分）をさしている。ことがらと主題とは題材（客観的に存在する生活現象）に規定されるのだから、それらは作品内容の客観的な側面をなしている。（略）

だが、文学作品の内容をことがらと主題とに限定してはいけない。文学作品の内容には、えがきだされた生活現象にたいする感情＝評価的な態度がふくまれている。この感情＝評価的な態度は、志向性をもった思想とむすびつき、それらにうらづけられている。作品のなかにふくまれているこの種の思想のことを、ぼくはここでは「理想」となづけておく。（略）感情＝評価的な態度と理想とは、生活現象にたいする人びとの政治＝社会的な見解、道徳的な見解、美意識などに規定されるのだから、作品内容の主観的な側面をなしている。

そして「文学作品のよみにおいては、感情＝評価的な態度で色ぞめされたことがら、したがって形象を情緒的に知覚し」、それを「論理的にとらえる」ことによって「主題」と「理想」が得られる、(7)としたのである。

ここで注目されるのは、まず何といっても、「主題」を生活現象の「本質」(別の箇所では「法則」とも言う)と捉え、また「客観的」なものだとしている点であろう。主題が「本質・法則」であり、「客観的」に存在するというのであれば、それは当然唯一のもので、是が非でも正しく読み取らなくてはならない。事実、同書の中では「ひとつの作品には、それにふさわしいひとつの読みかたしかない」という立場が鮮明に打ち出されている(宮崎典男「指導過程を規定するものはなにか」)。奥田は、先の沖山の主題＝意図とする考え方との違いを強調するが、主題を唯一のものとし、それを重視するという点では、両者は似通った面をもっている。だとすれば、理論的な差異にそれほど拘泥しなかったであろう多くの現場に、両氏の論は、その政治的立場は反しながらも、ある種の主題観を醸成していく上では、相乗的に影響を与えていったのではないか、と推測される。

奥田の主題観でいま一つ注目しておきたいのは、客観的な側面としての「主題」(及びことがら)と主観的な側面としての「理想」（及び感情）とを分けた点である。これは、それ以前にはなかった精緻な理論化として注目されるだけでなく、後に提唱されるいくつかの主題観の先駆け的な位置にある点でも見落としてはならないだろう。たとえば、分析批評の「主題」を「主材」（作品に繰り返し出てくる事柄）と「主想」（作品の中心思想）とに分ける立場（井関義久『批評の文法《改訂版》』明治図書　一九八六年八月。初版は一九七二年）、浜本純逸の「体言型主題」（事柄のみで示す主題）と「用言型主題」（価値判断も組み込んで示す主題）を区別する立場(8)（「『主題読み』を超えて読者論的読みへ」『文学を学ぶ文学で学ぶ』東洋館出版社　一九九六年八月。初出一九八八年）などは、直接的には奥田の論とは関係ないようだが、それらに通じる見方を早くから奥田が指摘していたことは注目される。

児言研の主題観

一方、一読総合法で知られる児言研（児童言語研究会）の主題観は、教科研のそれとは著しく対照的であった。同研究会編『国語教育の基礎理論』（一光社　一九七五年一月）所収の菱沼太郎「主題をどう考えるか」（初出一九七〇年）には、以下のような記述がある。堀辰雄の「風立ちぬ」については、「作者自身がもっている」主題もあるが、堀の影響下に作家となった福永武彦は「別の主題」を読みとっていて、読者はそのどちらも否定できない。

このことは、読者のいわば作品への態度、人生への切りこみ方の当面の関心によって一つの作品の見方(ここでは主題と同義。引用者注)がちがってくることがあるということを示し、それに対して、作家自身の主題は、作家の人生への切りこみ方の当面の問題性(略)であり、この両者の関心が作品の上で切り結ぶことになるといえよう。ただ、ここで、ことばが作家の考えを超える、作家の思想そのままでないことを考慮すると、作品としてのことばが、作家の意図にかかわらず作家を否定することもありうるのであり、その場合は読者は、作品自体の問題性とわたりあうことがおこるのであり、無理に作家を考えようとしなければ、一応、作家は消えてしまうこともおこりうるわけである。

そして作品からうけとる「読者の形象（ここでは主題も同様。引用者注）は読者によって、文章のワクにはまりながらも、その範囲内で多様である」と考える。

ここに見られる主題観は、作家と作品とを一応切り離して考える点では、奥田の立場に近いが、読者の「作品への態度」や「人生への切り込み方」によって作品の見方は違ってくる、つまり主題も文章のワク内で「多様」でありうる、とする点では、まったく逆の立場に立っている。

ただし、こうした主題観も児言研内部で必ずしも安定したものではなかったらしい。例えば大久保忠利は「二枚腰文学教育主題論——文学教育の基礎理論（二）——」（『国語の授業』一七号　一光社一九七六年一一月)、及び「文学教育・主題論洗い直し——児言研28年これからの22年　文学教育の基礎理論・その5——」(同誌三三号　一九七九年八月)等で、児言研内部の主題論が「バラバラ」であることを嘆いており、また児言研内部で読みの多様さを否定するような発言(平井英一「主題の読みとりと多様な読みとりをめぐって」同誌一〇二号　一九九一年二月)がなされた際には、岩田道雄が「主題の読みとりと多様な読みについて」(同誌一〇四号　一九九一年六月)、「主題の読み《マ》と《マ》多様な読みについて〈その二〉」(同誌一〇六号　一九九一年一〇月)で詳細な批判を行っていることなどから、それが察せられる。

だが、児言研の主題に対するおおよその立場は、先の菱沼の論や、あるいは右の岩田の論考に集約されている、と言ってよいだろう。岩田は右の「主題の読みとりと多様な読みについて」で以下のように述べている。

　読み手は、作品の言葉を手掛かりに、自分なりのイメージを創造すればいいのです。感動の内容や質も、そのときの読み手の状況や要求によっても違ってきます。

直接「主題」という語は用いていないが、読みが読み手による創造であるという以上、主題も当然読み手ごとに異なることを想定していたはずである。教科研の奥田の論は、作者の意図を否定したが、その「感情＝評価的な態度」を重視するという点で、依然として作者に寄りそう理論であったと言えるが、右の児言研の読みの指導論は、その逆にむしろ読者を重視する立場に立つ理論だったと言ってよい。

文芸研の主題観

以上に対して、ソ連の文芸理論を背景に独自の文芸教育理論を築き上げた文芸研（文芸教育研究協議会）代表・西郷竹彦の主題観はどんなものであったのか。西郷は、多くの作家の創作体験談をもとに、「小説の創造とは、ある観念なり、主題なり、主張なり思想なり情報なり『なにかいうべきこと』が先にあって、それを『伝達することを目的』としているのではありません」、「作家は〈形成〉され〈創出〉された作品そのものによって、自分が何を求めていたかを結果としてそこに見出すことができるのです」と述べている（『西郷竹彦文芸教育著作集　第二〇巻』明治図書　一九七八年九月。初出『虚構としての文学』一九七一年）。

このように氏は、書き手にとっても主題は決して明確なものではないことを強調したが、だからと言って、それを読み手ごとに異なるような曖昧なものと考えていたわけではない。

主題は客観的にとらえられるものとしてあるのです。読者によってまちまちにとらえられるものではないのです。

にもかかわらず、主題が読み手ごとに異なるように見えるのは、「それを読者の作品に対する評価と混同したり、時代や社会によって異なってくる作品の問題性ととりちがえているから」だと言う。では西郷にとって主題とは何だったのか。

主題とはいわば作品にえがかれた「現実」です。理想はわたしたちにとっていわば「未来」です。（略）

主題は「どうであるか」が描かれているとすれば、理想は「どうでありたいか、どうでありたくないか」ということであり、思想は、現実が「なぜそうなのか」また、この理想にむかって現実を「どうしたらいいか」について答えることであるといえましょう。

（『西郷竹彦文芸教育著作集　第二巻　文芸学入門』明治図書　一九七五年一一月。初出『教師のための文芸学入門』一九六八年）

西郷にとって主題とは、作品に客観的に描かれた「現実」――subject-matterに近い――であって、読み手ごとに異なるようなものではない。このことは、奥田が主題を作品の客観的な側面としていたことに通じる。また西郷は、主題との関わりにおいて「理想」という概念を析出しているが、この点も奥田の論との親近性を思わせる。

ただし西郷には、それまでの他の主題観にはない興味深い指摘が幾つかある。

> 作品の主題は客観的に一つです。ふつう私たちが主題と呼んでいるみじかく文章化したものは、正しくいえば、作品の主題を概念化、一般化、抽象化した文章というべきです。主題をみじかく抽象化した文章を私たちは「主題」と名づけて使用しているのです。ですから主題をどのように抽象化するかで、「主題」の文章も人によってまちまちになることがおこりえます。
>
> （『西郷竹彦文芸教育著作集　第八巻』明治図書　一九七七年四月。初出「虚構とは何か」一九七〇年）

氏において、いわゆる主題とは、本来の主題を概念化し文章化したものにすぎず、いわば前者は後者のかりの姿であり、その表現の仕方によって、主題に差が生じると考えられている。氏は先に見た部分で、主題が「まちまち」なものに見える一因として、作品の「評価」や「問題性」との「とりちがえ」を指摘しているが、ここでは主題そのものの表現の仕方にもその一因のあることを指摘している。

そして右の文章に続けて、氏は読みの多様さについて次のように述べている。

作品（主題）は一つでも、それを読む読者によって、それの意味づけ、価値づけはかわってきます。まちがった読みはこの際論外として、文芸の読みには、あさい読みとふかい読み、まずしい読みとゆたかな読み、価値のひくい読みと高い読みというふうに相対的なものです。文芸の読みに正解というものはないのです。

おそらくこれは、先に見た作品の「評価」や「問題性」とも関わっているのだと思うが、西郷は、まさに「主題は一つ、読みは十人十色」（前掲「虚構とは何か」）の言葉通り、主題の存在する客観的な相と、読みの多様さの現れる主観的な相とを区別する独自の読みの理論を提示したのである。もちろん奥田の場合にも、客観的な相と主観的な相との区別はされていたが、そこでの主観とは、読者ではなく作品に内在するもので、読みの多様さということとは無縁であった。このことは、作品は作品として重んじ、読者は読者として重んじようとした西郷と、あくまでも作品に寄り添おうとする奥田らとの姿勢の差を、雄弁に物語っているように思われる。

主題観をめぐる諸問題——「羅生門」の現実とは

以上は、それぞれに興味深い指摘を含んでいるが、問題がなかったわけではもちろんない。以下、主題の定義という観点に絞ってそれらの問題点を指摘しておきたい。

まず沖山の論では、主題が作者の「意図」と同義とされることに、やはり問題があろう。それは作者と作品との理想的な関係を前提としていて、現実にはありえないというのが今日の常識である。井上敏夫や小田切秀雄などは、意図と主題との一致しない作品例を具体的に取り上げて説明しており、[9]「主題」＝「意図」とする考え方の限界は否定しようがないと思われる。ただしそれが、作品の向こう側に自然にイメージされる作者像まで消去することを求めているとするなら、それは大きな問題だと思う。私たちは今でも「漱石を読む」と言うし、「芥川が好きだ」と口にする。そういうイメージとしての作者像は、私たちを文学につなぎ止める働きをしている。その事実を私たちは無視すべきでない。

一方、奥田ら教科研の主題観でいちばん問題となるのは主題を「本質・法則」と捉える点であろう。これはおそらく彼らの哲学的立場の根幹に関わっている。だが、主題がもし「本質・法則」であるならば、ある状況下で人が取りうる行為は決定されていることになるはずだが、同じような過酷な境遇にある人間が常に犯罪者になるとは限らないように、人間は必ずしも「本質・法則」に縛られているわけではない。敢えて言うなら、日常言語学派の哲学者ギルバート・ライルが用いた「傾向性（dispositions）」という用語の方がふさわしい。芥川龍之介の「羅生門」を例にするなら、衰微した都の片隅に投げ出された下人を通して、そういう状況下にある若者は、つねにより弱い者から略奪するという「法則」ではなく、そのような「心的傾向」を誰もがもちうる、と考えるのである。

次に児言研の場合だが、ここでは主題というものの定義が明確でないことがやはり問題を複雑にしている。個々の読み手の読みを大切にしようとするために主題が多様に捉えられるのか、その定義が曖昧であるため、いろいろなレベルの主題らしきものが混在しているのかが見えにくい。

そして西郷らの文芸研だが、そこでは作品に描かれた「現実」が主題だとされた。だが、昔話などと違って、小説に描かれた「現実」とはそれほど明確なものと言えるのだろうか。「羅生門」で言えば、そこに描かれた現実とは何だったのか。下人は老婆の話を聞いたから引剥《ひはぎ》をしたのか、それとも理由は別にあったのか。また結末において、下人は盗人になったのか、それともならなかったのか。おそらく作品理解の要となる「現実」でさえ、それがただの出来事の羅列を意味するのでない限り、共通理解を得ることは極めて困難だと思う。この点は、教科研のように「ことがら」=「生活現象」に内在している本質・法則を主題と考える場合でも同様である。

以上のように、それぞれ教えられる点も多いが、主題を、厳密に定義しようとすればどこかに無理が生じ、曖昧なままにしておけば混乱は避けられない。そこで問題を、主題が何であるか、ということではなく、何のための主題か、というように考え直してみたい。その方がおそらく生産的であるし、定義にもそれほどこだわる必要がなくなるように思われるからである。

以下では、そうした角度から主題、そしてその指導の有効性を検証していきたい。むろん、その過程で、私なりの主題の定義も提示してみたいと思う。

そのためにも、冒頭で整理した問題点の検討に戻らなくてはならない。

3　主題は一つか――『虞美人草』を例に

冒頭で整理した第一の問題点、すなわち主題は一つか、あるいは主題というものは異なる読者にも同一の姿を現しうるのか、という問題について考えてみよう。

ところで主題指導に批判が集まりだした一九八〇年代には、ロシア・フォルマリストの著作が盛んに紹介され、話題を呼んだ。ここではその代表的な人物の一人であるヴィクトル・シクロフスキーの「物語を構成する独特な方法として対比の方法がある」という考え方[10]を切り口にして検討を始めたい。

実際、文学作品は様々な要素、レベルにおいて対比的な方法が用いられている。そこで、この方法が見えやすい夏目漱石の『虞美人草』（『朝日新聞』　一九〇七年〈明治四〇〉。引用は『漱石全集』第五巻〈岩波書店　一九五六年一〇月〉によった）を例に、そのことを確認してみよう。

『虞美人草』の第一章と第二章では、主要人物の紹介が行われる。第一章では、二人の男が姓名を明かされないまま描き出される。一人は叡山の道に迷っても「何処から登つたつて、同じ事だ」と「無造作」に言う男。いま一人はその男が叡山を見て「動かばこそと云つた様な按排ぢやないか」

という言葉尻をとらえて「あの山は動けるかい」などと「余計な事」を言う男である。やがてこの二人は「宗近」二八才とその親友「甲野」二七才であることが明かされるが、そのときすでに読者は二人の人物を対比的に強く印象づけられている。第二章に移ると、宗近と甲野が叡山に登っているちょうどそのとき、英文学者の小野と甲野の妹の藤尾とが、東京の藤尾の家で沙翁の書いたクレオパトラを話題に対座している。この場面は、先の叡山の場面と同時進行であること、また藤尾が甲野の妹であることなどによって、対比されるべく動機づけられている。そして章が進むにつれ、宗近と甲野は道義を重んじ、小野と藤尾は欲に引かれる、という二つのタイプの典型として対比されていることが分かってくる。

しかし対比されるのは、人物や場面など作品内の要素だけではない。文学作品（芸術）においては作品と外の現実も対比されるのである。この点について、やはりロシアの文芸研究者であるユーリー・ロトマンは次のように指摘している。(11)

芸術的効果は常に関係である。それはなによりも芸術と現実の相関である。（略）芸術家によって作り出されたものは、芸術作品の内在的検討によってではなく、それと再現の対象、すなわち生との対比によって、見る人に明らかなものとなる。

『虞美人草』で言えば、主要人物たちは時代のある側面を託され、彼らの織りなす世界は作品外の現実と対比されることによって、一種の文明批評として機能する。漱石が小宮豊隆宛書簡（明治四〇年七月一九日付）に、この作品を「人生の第一義は道義にあり」（『虞美人草』十九）という「セオリーを説明する為めに」書いたと述べたこと（『漱石全集』第二八巻）はよく知られているが、日露戦後の社会状況に対比されることによって、『虞美人草』は「道義」の廃れつつあった現実の一面を浮き彫りにするのである。

だが、作品外と対比されるのは、以上のような内容的な側面だけではない。『虞美人草』は、周知のように、技巧を凝らした「美文」で書かれているが、それは時代の主流を占めた文芸思潮に対する批評精神の表れでもあった。『虞美人草』執筆直前に『朝日新聞』に連載された「文芸の哲学的基礎[12]」において、漱石は次のように述べている。

> 近頃日本の文学者のある人々は技巧は無用だとしきりに主張するさうですが、（略）文芸家である以上は、技巧はどうしても捨てる訳には、参るまいと信じます。
> （『漱石全集』第二〇巻）

これは「技巧の如きは其の問ふ所にあらず」と力説した[13]長谷川天渓ら自然主義系の評論家や作家たちに向けられた言葉であろう。つまり、『虞美人草』における「美文」も、文壇を支配しつつあったそうした風潮に対する一種の批評として対比されるべく選ばれた文体だったのである。

だがここで注目したいのは、文学作品における対比の方法そのものではない。大切なのは、それらがいかなる意味において対比されているかが明示されていない、という点である。漱石も先の「文芸の哲学的基礎」の中で次のように述べている。

文芸家に取つても関係を明かにする必要はあるが、之を明かにするのは従前よりよく此関係を味はひ得る為めに、明かにするのだからして、いくら明かになるからと云うて、此関係を味はひ得ぬ程度迄に明かにしては何にもならんのであります。

正宗白鳥に「作為の跟が現はれ」すぎていると批判された[14]『虞美人草』であったが、その『虞美人草』を書く直前の漱石でさえ、作品の諸要素の関係は明らかにしすぎてはならないと言う。まして漱石の他の作品、あるいはその他の作家の作品の多くは、様々な要素、様々なレベルにおいて対比の方法が用いられながら、その関係性はさらに不明瞭であるに違いない。

そしてここに多様な読みの生じる一因がある。対比の意味づけが作品に明示されない以上、それは読者に任される。読者論を持ち出すまでもなく、様々に異なる因子を抱えた読者による意味づけは、当然のことながら多様なものにならざるをえない。そして主題がその意味づけと無縁でないとすれば、それが多様なものになることも避けられない。

しかしながら、多様な読みの生まれる原因は、このような作品の意味論的な側面にだけ由来するのではない。昔話とは違って、小説では、その統辞論的な関係、すなわち事件の因果関係も、それほど明瞭であるとは言いがたいのである。先にも少し触れたが「羅生門」において、下人がなぜ「引剥《ひはぎ》」をしたのかは必ずしもはっきりしない。同様に、漱石の『こゝろ』でも、「K」はなぜ自殺したのか、そして「先生」もなぜ自殺せざるをえなかったのかは、それほど分明ではない。ここでも人物の行動の原因・理由に当たる部分は不明瞭なまま、その認定は読者にゆだねられているのである。

いずれにしても、主題というものが、かりに客観的な「ことがら」や「現実」であったとしても、それらがたんに出来事の羅列を意味するのでないかぎり、読者の介入は避けられず、主題も唯一のものとして立ち現れることはありえない、と考えてよいだろう。

4　主題を語ることに意味はあるか

方法としての主題――メタ言語としての主題

では主題が唯一のものとして立ち現れることがないとするなら、それを語ることに意味はないのであろうか。冒頭で紹介したように、宇佐美は、作品が言うべきことを言っているのに、それよりはるかに粗雑な言葉で主題を言わせることに意味があるのか、と批判しているが[15]、この批判に類似した発言が、実は『アンナ・カレーニナ』を書きつつあったトルストイによってもなされている[16]。

私が長編によって表現しようと考えていたことをすべて言葉で言おうとしたら、私が書いたと全く同一の長編を初めから書かなければならないでしょう。(略)

批評家たちには私の言いたいと思っていることが現在もうすでにわかっていて、批評欄で表現してくれるようなら、私は彼らにお祝いを申し上げ、あえてqu'ils savent plus long que moi(彼らはこのことについては私よりもっと知っている)と断言するのをいといません。

ここに表れているのは、膨大な言葉からなる作品を、批評家たちが短い言葉に置き換え、それで作品を全て理解したかのように言うことへの憤りである。トルストイは直接主題について言っているわけではないが、作品よりずっと短いという点で、またその理解が作品理解であるかのように言われる点で、批評家たちの言葉は、主題と同質であると考えてよいだろう。

すでに見たように、従来の読みの学習において、主題は、「作品を統一する形成原理として働く思想や感情」、あるいは「作者の意図」「意味の焦点」「本質・法則」などとされ、作品を理解する行為の中核に据えられて、読みの学習のいわば「目標」とされてきた。だがおそらく、それはトルストイが言うように間違っている。主題を理解することと作品を理解することとの間には、何らかの隔たりがある。そうでなければ、私たちは小説など読まずに主題の一覧表でも読んでいれば十分なはずであるから。

では、主題の理解と作品の理解との間に何らかの距離があるとするなら、主題を語ることにどのような意味があるのだろうか。その点で示唆を与えてくれるのが、ロシアの詩学研究者ジョルコフスキーとシチェグローフによる、「テーマ」を作品についての「メタ言語的な表記」とする考え方[17]である。ただし、このメタ言語meta languageという用語そのものについては、ヤーコブソンの次の説明[18]の方が分かりやすい。

メタ言語とは、対象について語る対象言語object languageと区別され、その対象言語について語る言葉である。そしてこのメタ言語は次のような場合に用いられる。

　発信者および／または受信者が相手と同じコードを使っているか否かを確認する必要を感じるたびごとに、発話の焦点はコードそのものに合わせられ、メタ言語的機能 metalingual function（つまり注解機能glossing function）が発揮される。

つまり、メタ言語とは「一つの言語記号を、同じ言語の他の、何らかの点で同質の記号によって解釈[19]」する言葉で、言語習得に際しても重要な働きをするものである。

そこで、文学作品(芸術作品と言ってもよいが)について語り合う場面を想定してみると、たしかに私たちは、メタ言語的な言葉を必要とする場合のあることに気づく。作品全体をどういう方向で読んでいるか(理解しているか)を互いに確認し合おうとするとき、私たちは、作品と「何らかの点で同質」で、かつ読みの「コード」を確認できる別の言葉、——「羅生門」であれば、「人間のエゴイズムの醜さ」とか、「状況に左右されやすい人間の心の頼りなさ」などといった作品とは別の短い言葉——を必要とするのである。トルストイがどう言おうと、作品と同じ言葉をただ繰り返すだけでは——それは物理的にも困難なことだが——読みの方向性は見えてこない。ジョルコフスキーらの提案は、そのような読みの方向性を確認する言葉として、主題(テーマ)を定義しようとした、と考えられる。

さてそこで、こうした主題観を従来の主題指導におけるそれと比べてみるなら、それはおおよそ以下のようにまとめられるだろう。従来の主題指導の中で目指されてきた主題は、「作品を統一する形成原理として働く思想や感情」、あるいは「作者の意図」「意味の焦点」「本質・法則」などと説明され、いずれもその理解が読みの学習の「目標」として位置づけられてきた。しかしそれらには、いろいろな点で無理のあることはすでに見たとおりである。そこで、主題を作品について読者が互いの読みを確認し合うための「メタ言語」的な表現と捉え直してみる。つまり、主題観を「目標としての主題」から読みを確認し合うための「方法としての主題」へと転換するのである。

もし、このような立場に立つならば、主題を一つに絞る必要はなくなり、したがってまた主題というものをそれほど厳密に定義しておく必要もなくなる。互いの読みが確認できる程度の合意があればよい。主題を、「ことがら」的なこととするか、それとも「思想」的なこととするか、といった程度のことを必要に応じて区別すればよい。

ちなみに私は、主題をいちおう次のように考えている。


主題とは、作品の諸要素の関係を、トータルに説明する思想や感情。


主題を「思想や感情」としたのは、「ことがら」的なものとすると、それをさらに一般化・抽象化して説明する言葉が必要となり、たとえば教科研方式のように、学習に幾つかの段階を設けることが前提となってしまう、と考えるからである。

ただし、読みを説明する仕方には主題によるだけでなく、別のやり方も当然ありうる。「羅生門」を例にすれば、最後の一文「下人の行方は、誰も知らない。」の意味を問う、といったようなやり方も当然考えられる。だが、そこから、登場人物の全ての言行、全ての描写、あるいは語りの在り方等まで説明できるかどうか。少なくともどんな作品でも有効だとは言い切れないように思う。だとすれば、作品をトータルに説明できる主題には一定の有効性があると言えるのではないか。ここで問題にしたいのは、作品をトータルに説明できるか否か、である。

方法としての主題――フィクションとしての主題

さらにいまひとつ確認しておきたいのは、ここで提案している主題は、必ずしも完全なものである必要はない、ということである。別の言い方をすれば、ここでの主題とは一種のフィクションにすぎない、ということである。すでに見たように作品の種々の要素の関係には、ある不明瞭さがつきまとい、それを関係づけ意味づける操作は読者にゆだねられている。その意味で読みは永遠に恣意性からは逃れられない。だとすれば、主題が、「ことがら」的なものであろうと、「思想」的なものであろうと、根本において、それはフィクションでしかありえない。

では、主題をフィクションと見なすことによって、何が可能になるのか。かつて蓮實重彦は、丸山圭三郎との対談で、フィクションの機能について次のように述べている。[20]

フィクションというのはとりあえずある事態を想定して、そうした条件下で何が言え、またそれが機能しえなくなる場は何かを見るための一種の装置である私たちはこの「フィクション」という言葉を「主題」という言葉に置き換えてみればよい。すると「フィクションとしての主題」とは、それによって、作品がどこまで説明できるか、そしてどこから説明できなくなるか、ということを見極めるための「装置」だということになる。そういう装置を通して、互いの作品理解の方向性とその限界とを見極めるのである。その意味でも、ここで提案している主題とは、「方法」と呼ばれるべきものである。[21]

5　主題指導と読者の主体性

読者論の危うさ

以上で、冒頭に示した主題指導に関わる三つの問題点、及び新たな主題指導の可能性についての私なりの考察を終える。ただし、主題指導にまつわる問題で触れてこなかった問題が一つ残されている。それは一九八〇年代に、読者論的な立場から分析批評を方法とする立場へと向けられた批判の中に隠されていた問題、そしてそれは本書全体に通底する問題意識――「他者」と「主体性」をめぐる――に深く関わる問題である。最後にその点を検討しておきたい。

本章の冒頭では主に、一九八〇年代前半の主題指導批判を取り上げた。ちょうどその頃、ドイツの文芸学者・ウォルフガング・イーザーの『行為としての読書』[22]が紹介され、国語教育界では、読者論的な立場に立つ文学教育論が盛んになる。一方これとほぼ同時期に、分析批評という英米の文芸批評の方法を取り入れた文学の授業方法も若い教師の支持を集めはじめていた。その後、両者はともに、それまでの文学教育の在り方を相対化するという意味で大きな歴史的役割を果たしていく。

ところが、読者論的な立場に立つ文学教育と分析批評による文学教材の学習指導とでは、主題の扱い方が大きく異なっていた。この時期の読者論的な立場の代表的論者であった関口安義は、国語科教育には「言語の教育」という「大きな目標」があると強調しつつ、主題指導について、次のように述べている。[23]

わたしは、教材本文から離れたところでの話し合いや、テーマ主義的指導を峻拒する。

この「テーマ主義」について、氏は別のところで次のように述べている。[24]

テーマ主義とは、作品のトータルな把握を目指さず、主題にのみ重きを置いて指導の最終目標とする行き方である。

一方、分析批評の授業では、主題の検討はごくふつうに行われていた。例えば向山洋一は「やまなし」の実践の第五次で「主題について検討する」時間を二時間とっているし、[25]分析批評による授業のそもそもの提案者である井関義久も、主題の検討には明確な位置を与えていた。[26]藤井圀彦の分析批評の授業も同様であった。[27]

そして、この分析批評による授業に対して、関口は次のように批判したのである。[28]分析批評の授業は、「言葉の芸術としての文学への理解を欠いた安易な実践理論」であり、「織物《テクスチャアー》としての作品が多義的で、同じ尺度では測れない点を理解できず、文学のテクストを数学や法律の言葉と同じように考えるという誤り」に陥り、「一つの作品には一つの正しい読み」があると考えている、と。

だが、少し注意すれば分かることだが、井関や向山らは「一つの作品には一つの正しい読み」があるとは言っていない。向山は先の「やまなし」の授業で、主題は「各人各様であった」と記しているし、井関も「主想は読む人の解釈によって違って」くると述べている。[29]これらは、それ以前の文学教育論に比べれば、むしろラディカルな主題観とさえ言ってよく、関口の批判は必ずしも正鵠を射たものではなかったのである。

しかしここで問題にしたいのは、そのような関口の誤解ではない。問題とすべきは、むしろ読者論的立場に立つことの危うさである。関口は、分析批評の授業は文学作品の多義性を認めない、と言った。つまり、分析批評のように主題を検討すれば、作品の多義性や読みの多様さを無視することになる、と見たのである。また氏は「教材本文を離れたところで、主題をめぐる話し合いをしてみても、国語の力は付かない」とも言う。[30] ここからは、主題の検討は作品本文から離れがちになる、という認識がうかがえる。

だが、これらは本当のことだろうか。

主題指導は本文から離れるか

そこでまず、主題の検討は本文を離れるのか、という点から考えてみよう。

関口が言うように、それが国語の学習である以上、作品本文から離れることはふつうは許されない。その意味で氏が、読みの学習が本文から離れがちであることを批判したことは正しい。だが、主題の検討が本文から離れがちであることと、主題を検討すると本文から離れるということとは決して同じではない。

言うまでもないことだが、「主題」は本文と別のところにあるわけではない。したがって、話し合いが本文から離れるというのは、主題そのものの問題というより、個々の授業の在り方の問題ではないのか。もしそうであるなら、関口の批判は確かにある時代状況を映し出してはいただろうが、厳密に問題の本質を射抜いていたとは言えない。関口が批判した分析批評の授業は、むしろ本文から離れがちになる授業を、作品に密着させるための試みでもあった。それは、分析批評を日本に紹介した国文学者の小西甚一が、印象批評や裁断批評を批判しつつ、批評が「作品そのものに密着する」ことの必要性を説いて以来のテーゼである。[31]そしてそのような姿勢は、小西の指導を受けて分析批評を高校の現場で試みた井関の言葉からもはっきりと確認できる。[32]

「私の批評」というのは、自分が納得した主題が、どのように表現されているかということを調べ、その資料をもとにして他者を説得することである

ここで「主題」は、「表現」＝「作品本文」を「調べる」＝「分析する」ための出発点と位置づけられている。

このように、主題を扱うということは、分析批評による授業がそうであるように、必ずしも作品本文から離れるという結果をもたらすわけではない。むしろ主題は、学習者を作品本文に密着させるためにこそ機能させうるのである。

主題指導は読み手の主体性を圧殺するか

では、関口が提示したいま一つの問題、すなわち主題を検討することは作品の多義性や読みの多様性を無視することになるのか、という問題だが、この点に関しては、そうならないことを、すでに本章で検討してきたし、また向山らの実践からも確認することができる。

それよりもここで問いたいのは、むしろそう指摘する関口の姿勢である。分析批評の授業では討論等において学習者の変容が想定されているのに対し、関口の読者論的な立場の発言では、学習者個々の読みの変容ということが、ほとんど視野に入っていない。実際、関口の発言に対しては、大槻和夫が基本的には共感するが、それが「読者の自己肯定を確認するだけに終わるならば、たいした意味はない」と言い[33]、浜本純逸も「実際には異なった読みの羅列に終わりやすく、緊張や高まりの欠けた授業になりやすい」と指摘している[34]。また読者論的立場に立つ田近洵一も、集団の読みの中で個々の読みが変容することの意義を強調している[35]。

ではなぜ関口には学習者の変容という視点が稀薄なのか。それは、従来の主題指導が、学習者の読みを、正解とされるものの方向へねじ曲げ(変容を強いて)、圧殺してきたことに対するアンチ・テーゼであったから、という面がある。つまりある時代状況の中で戦略的にデフォルメされた発言だった、のである。

しかしながら、そうした戦略の陰で、ある重要な欠落が生じていたことも見逃してはならない。次の氏の言葉[36]からは、今日の状況にも通じる、ある重要な視点の欠落を見て取ることができる。

読者論の立場を〈読み〉の指導に導入する有効性は、学習者を〈読み〉の主体者として位置づけるところにある。そこには他者の読みの押しつけは存在せず、個々の学習者は教材の中に入り込み、自己を解放し、豊かな夢を育むことができるのである。

学習者を「〈読み〉の主体者」として位置づけることには誰も反対しない。しかし、氏の論の陥穽は、主体的であることと、自己の「夢」に安らごうという狭い意味で自己を守ること――主観的であること――との区別がほとんどなされていないことにある。授業という場が、「他者」の読みの押しつけではなく、他者との出会いの場であること、そして他者との対話の中でこそ自己の「主体」が形づくられていくこと、への視線が欠落している。この点は、すでにI―第3章等で検討したことと重なるので詳論はしないが、関口の論は、読者の解放を説くあまり、逆に「主体」の存立そのものを危うくするという陥穽におちいっていたのである。むろん学習者だけが「他者」として立ち現れるわけではなく、作品それ自体がまず「他者」として私たちの前に現れ、そこにこそ「他者」との尊い出会いがあると言うべきではあろう。しかしながら、作品がつねに「他者」として現前しうるというのは幻想のように思われる。作品に自己を投影するだけに終わってしまう読みの方がむしろ多いのではないか。だとすれば、そういう強固な自己の殻をうち破って、作品の「他者性」と向き合わせてくれる、より確度の高い契機となるのは、やはり、文字通りの「他者」、つまり他の学習者の読みとの出会いであろう。先の大槻の発言には次のような指摘が続いている。

私は、学習者個々の〈読み〉を並列的には考えない。どのような〈読み〉も「許容」されるのであるが、それらの〈読み〉を比べてみると、そこに「豊かさ・深さ・おもしろさ・意義深さ」などの点で、相補ったり、より発展させたりすることのできる契機を見出すこともできる。授業においては、学習者個々の〈読み〉を出し合い、つき合わせることによって、「より豊かな、より深い、よりおもしろい、より意義深い」読みへと発展させることもできる。そうすることによって、多様な〈読み〉は「許容」される存在ではなく、自己をも他をも高める有意義な存在として積極的に位置づけられることになる。

本章で先に提案した「方法としての主題」とは、互いの読みを確かめ合うための「メタ言語」としての、そしてまた読みの可能性と限界とを見極めるための「フィクション」としての主題であった。それは、特定の読みの押しつけではなく、自らの読みを「他者」の読みの中で見極めさせ、あるいは変容させることを保障し、読み手が「主体的」に振る舞うことを可能にする。

今日、主体性を標榜した教育実践が盛んだが、「主体」を確立するためには、ただ個の自由だけを保障すればよいのではない。個をいかに「他者」との関わりの中に組み込んでいくか、そこに問題の核心があることを忘れてはならない。

6　真に問われていること

本章では、主題指導とは何であったのか、そしてその新たな可能性を探るべく、主に一九六〇年代から八〇年代にかけての論考を取り上げてきた。その際、それぞれに立場は異なっても、大きく言えば、時代ごとに、ある共通した傾向があったように思う。一九六〇年代のもの（沖山や奥田の論）は、おおむね唯一の主題を大切に読みとろうとする傾向が強く、一九七〇年頃の論（児言研や西郷の論）からは、読者の主体性を重視する傾向が生じてくる。そして一九八〇年代の論（関口や井関らの論）は、立場は逆のように見えて、実は主題の扱いを疑問視したり、読者ごとに異なることを前提としたりするなど、主題へのこだわりがずっと軽くなっていた。それらからは明らかな時代差を感じ取ることができる。

ところで、府川源一郎は、主題が重視され始めたのは、自然主義と白樺派とが中心的な位置を占め、文学が「人生の指針としての役割」を担い始めた時期と重なる、と指摘している。[37] 確かに、この時期、漱石が『朝日新聞』に小説を連載したり、片上伸《かたかみのぶる》がのちに『文芸教育論』（一九二二年〈大正一一〉）に収められる諸論考を発表したりするなど、人生と文学との関わりが広く自覚されていく一方で、テーマ小説と呼ばれる人生の断面を鮮やかに切り取った短編が芥川龍之介や菊池寛らによって盛んに創作される。さらにまた、その菊池が、里見弴との論争のきっかけとなる「文芸作品の内容的価値[38]」を発表して、題材が人生的な価値をもつことの重要性を強調したのも、この頃である。主題が重視されることと文学が人生の指針と見なされることとは、確かに関連のあることだったように思われる。

だがもしそうであるならば、主題へのこだわりが薄れ始めたとき、そこでは文学そのものの価値もまた問われ出していた、ということになるのではないか。主題指導批判が広範に行われるようになった一九八〇年代は、若者の活字離れ、本離れが、しばしば指摘され、一九八三年には中島梓が『ベストセラーの構造』で、読者と文学の変質を説いている。[39]またその一方で、「人生の指針」を示してきたはずの自然主義や白樺派の作家たちの著作も、この時期、次々に書店から姿を消していく。たしかに、私たちと文学との関わり方は大きく変わりつつあったのである。

それからおよそ二〇年、今度は「文学的な文章の詳細な読解」が批判にさらされている（教育課程審議会答申　一九九八年七月）。そこで問われているのは、直接的には授業の在り方だが、その背景には、文学と私たちとの関係の、より根底的な変質があるように感じられる。

だが、そのことを嘆く必要はないように思う。かつて文学や批評の衰退が叫ばれたとき、柄谷行人は、そうした事態について、次のように述べていた。それは、「本来なら文学者が関知せずにすむことを一切合財引きうけるような場所から出発」した「日本の近代文学」が、ようやく「〃平常〃な場所」に降り立ったということであり、そこでこそ「本当にものを考える」ことができるのだ、と。[40]

おそらくそれと同じことが、いま文学教育についても言える。あまりに多くのことを引き受け、少々高いところに登りすぎた文学教育というものが、いまようやく「〞平常〞な場所」に降り立とうとしているのであり、そういう場所でこそ、国語科のあるべき姿というものが見え、それゆえにまた文学教材でしか果たし得ないことの輪郭も鮮明になる、と。

教育に向けられた言説が激しく変転する今日、「〞平常〞な場所」にあって考えることの意味を私たちは改めて思うべきであろう。

[注]

1 安藤操・宇佐美寛ほか「共同討議『あらためて、今こそ文学・読書の教育を』」『ちからを伸ばす　文学・読書の授業』日本書籍　一九八二年七月
2 蓑手重則『文芸作品の主題の理論と指導』明治図書　一九七三年四月
3 蓑手重則「主題把握の基本的方法」『実践国語研究』No.四〇　明治図書　一九八三年七月
4 市毛勝雄『主題認識の構造』明治図書　一九八〇年一〇月
5 宇佐美寛「解読コードの増殖」『教育科学国語教育』No.三〇八　明治図書　一九八二年一〇月
6 足立悦男は「『主題指導』をめぐる争点」（『教育科学国語教育』No.五〇二　明治図書　一九九五年一月）の

中で、「主題をめぐる論点」として次の三点をあげている。1「主題」は、どこにあるのだろうか。2「主題」は、だれが決めるのだろうか。3「主題」は、どのような方法でとらえるのだろうか。このうち1、2は、問題の立て方は異なるが本章の検討と重なる。3は、本章で試みる主題観の転換によって、それほど重要な問題ではなくなる、と考える。

7　奥田の「文学作品の内容について」で述べられた主題等に関する考え方は、その後一貫して教科研の読みの理論の不変的な核となっている。教科研の機関誌『教育国語』では、その後何度も主題に関わる論が掲載されているが、すべて奥田の論をそのまま受け継いでいる。たとえば同誌第九七号（一九八九年六月）の吉永正広「主題・理想をとらえることの意味と手順──実践をとおして──」、同誌第九八号（同年九月）「座談会　奥田靖雄と読み方教育」等を参照のこと。

8　浜本は、本書で示した体言型主題と用言型主題を、一九九七年二月の『教育科学国語教育』（№五三七　明治図書）誌上の「『主題読み』を超えて読者論的読みへ」で、再度提案している。なお同誌では、その提案に対する意見を六氏が述べているが、特に山元隆春氏の論考は、以下の本章での検討と重なる面も多く、参考になる。

9　井上敏夫「文学教育における主題の問題」『国語科教育』第一二集　全国大学国語教育学会編　一九六五年三月、小田切秀雄「想像力のはたらき、意図と主題」『教育国語』第八四号　むぎ書房　一九八六年三月。

10　ヴィクトル・シクロフスキー『散文の理論』（一九二五年）水野忠夫訳　せりか書房　一九八三年五月

11　ユーリー・ロトマン「構造詩学講義」（一九六四年）『文学理論と構造主義』磯谷孝訳　勁草書房　一九七八年二月

12　夏目漱石「文芸の哲学的基礎」『東京朝日新聞』　一九〇七年（明治四〇）五月四日〜六月四日

13　長谷川天渓「幻滅時代の芸術」『太陽』第一二巻第一三号　一九〇六年（明治三九）一〇月
14　正宗白鳥「夏目漱石論」『中央公論』第四八五号　中央公論社　一九二八年（昭和三）六月
15　宇佐美寛「解読コードの増殖」『教育科学国語教育』№三〇八　明治図書　一九八二年一〇月
16　レフ・トルストイ「N・N・ストラーホフ宛書簡（一八七六年四月二三・二六日）」『トルストイ全集18　日記・書簡』中村融訳　河出書房新社　一九七三年一一月
17　A・K・ジョルコフスキー、J・K・シチェグローフ「文学テクストの『テーマ』と『詩的世界』（上）」（一九七五年）　北岡誠司訳『文学』第四七巻第五号　岩波書店　一九七九年五月
18　ローマン・ヤーコブソン「言語学と詩学」（一九六〇年）川本茂雄監修『一般言語学』みすず書房　一九七三年三月
19　ローマン・ヤーコブソン「言語の二つの面と失語症の二つのタイプ」（一九五六年）川本茂雄監修『一般言語学』みすず書房　一九七三年三月
20　蓮實重彦・丸山圭三郎「対談　レトリックの虚構」『国文学　解釈と教材の研究』第三一巻一号　学燈社　一九八六年一月
21　なお、塚田泰彦は、本章のもとになった拙稿「文学教育における主題指導の有効性　下」（『人文科教育研究』第一四号　人文科教育学会　一九八七年九月）をも参照しながら、主題の位置づけについて、次のような提案をしている。

主題概念を、読書行為をその本体の部分で支えるエネルギー供給システムとして機能的に捉えることにしたい。まず読者の読みの意識を洗練し継続し内省化する機構としての文章を「主題追究システム」とみるのである。また主題概念を作品が内包する意味的実体を指すものとみるのではなく、読書行為に

おけるこの追究活動に作用する機能的な概念と考えるのである。（「読みの学習における主題・要旨の新しい位置づけのために」『国語教育4月号臨時増刊　教課審「中間まとめ」国語科改善案の検討』No.五五八　明治図書　一九九八年四月）

22　ウォルフガング・イーザー『行為としての読書』（一九七六年）轡田収訳　岩波書店　一九八二年三月

23　関口安義「〈読み〉の授業の活性化」『教育科学国語教育』No.三五二　明治図書　一九八五年九月

24　関口安義『国語教育と読者論』明治図書　一九八六年二月

25　向山洋一「分析批評による文学の授業の見直し」『教育科学国語教育』No.三〇八　明治図書　一九八二年一〇月

26　井関義久『批評の文法《改訂版》』明治図書　一九八六年八月。同書の初版は、一九七二年四月に大修館書店から刊行されており、それが、向山らの法則化運動における分析批評の活用に道を開いたのである。

27　藤井圀彦『分析批評の授業入門』明治図書　一九八六年八月

28　関口安義「読者論導入による授業の改革」『教育科学国語教育』No.三五二　明治図書　一九八五年九月。なお、氏の分析批評の授業に対する批判の観点としては、他に「作品の読みの技術に終始してしまう危険を常にはらんでいること」「傾向の異なる作品をまったく同じ方法で、技術的に読もうとするため、作品の皮相的解釈が優先する」こと（「主体的鑑賞からの出発が基本」『教育科学国語教育』No.三〇八　明治図書　一九八二年一〇月）などがあり、それらの点に関してはむしろ共感する部分が多い。しかし、ここでは、主題指導という観点に絞って、氏の論に検討を加えた。

29　井関義久『批評の文法〈改訂版〉』明治図書　一九八六年八月

30　関口安義「読者論導入による授業の改革」『教育科学国語教育』No.三五二　明治図書　一九八五年九月

31　小西甚一「分析批評の有効性」『文学』第三二巻第六号　岩波書店　一九六四年六月
32　井関義久「『分析批評』で国語授業はこう変わる」『教育科学国語教育』No.三七七　明治図書　一九八七年四月
33　大槻和夫「読書論を導入した授業の具体化をめざして」『教育科学国語教育』No.三五二　明治図書　一九八五年九月
34　浜本純逸「テクスト構造との対話」『教育科学国語教育』No.三五二　明治図書一九八五年九月
35　田近洵一「変容する読み――読みの学習における読者論」『教育科学国語教育』No.三一八　明治図書　一九八三年六月。「読みの成立――読みの学習とは何か」『教育科学国語教育』No.三二〇　明治図書　一九八三年七月。なお、前者において、田近は、「安易な読者論は、読みを固定化する危険性をともなう」と述べている。
36　関口安義「読者論導入による授業の改革」『教育科学国語教育』No.三五二　明治図書　一九八五年九月
37　府川源一郎「国語教育における、内なる『天皇制』の問題――もしくは、文学教材の〈読み〉と主題の指導――」『文学すること・教育すること』東洋館出版社　一九九五年八月
38　菊池寛「文芸作品の内容的価値」『新潮』第三七巻第一号　新潮社　一九二二年七月。なお里見弴は「文芸管見（七）菊池寛氏の『文芸作品の内容的価値』を駁す」（『改造』第四巻第八号　改造社　一九二二年八月）で、菊池が内容と表現の二元論に陥っていると批判したが、菊池は翌月の『新潮』で、そのような二元論ではなく、文芸のもつ「人生的な価値」を問題にしたのだ、と反論した。
39　中島梓『ベストセラーの構造』講談社　一九八三年一二月
40　柄谷行人「平常な場所での文学」『東京新聞』一九七三年五月一七日夕刊。引用は、『新装版　意味という病』（河出書房新社　一九七九年一〇月）所収の同題の論考によった。

[初出一覧]

各章の初出は以下の通りである。ただしいずれも本書に収めるにあたって、加筆訂正等を施した。

I　子どもの日常と国語の授業をつなぐ

第１章　他者との関わりを希薄化させる子どもたち——いままで語られてきたこと——

「他者との関わりを希薄化させる若者たち——いままで語られてきたこと——」『横浜国大国語教育研究』第一〇号　横浜国立大学国語教育研究室編　一九九九年五月

第２章　いじめと言葉の教育

「いじめと言葉の教育」『月刊国語教育研究』No.二八八　日本国語教育学会編　一九九六年四月

第３章　国語教育における「他者」と「主体性」

「国語教育における他者と主体性」『横浜国大国語教育研究』第一二号　横浜国立大学国語教育研究室編　二〇〇〇年五月

II　「他者」が国語の授業を変える

第１章　子どもの読みと大人の読み——段落指導から考える——

「読みにおける子どもの脈絡と大人の脈絡」『日本語と日本文学』第一五号　筑波大学国語国文学会編　一九九一年一二月

第２章　読むことと実験・観察すること——情報化社会の中の説明文学習——

「説明文の学習指導における『脱文字』化に関する一試論」『横浜国大国語研究』第一三号　横浜国立大学国語国文学会編　一九九五年三月

第3章　論理を育てる「他者」という視点——「論理的」から「ロジカル」へ——

「論理の力を育む『他者』という視点」『月刊国語教育研究』No.三〇三　日本国語教育学会編　一九九七年七月

第4章　今江祥智「野の馬」論——幻想世界の可能性——

「『野の馬』研究——その幻想世界の可能性——」『国語指導研究』第一集　筑波大学国語指導研究会編　一九八八年三月

第5章　吉野弘「夕焼け」論——行為する者と見つめる者——

「吉野弘『夕焼け』論——『娘』と『僕』の二つの立場——」『人文科教育研究』第二二号　人文科教育学会編　一九九五年八月

第6章　主題指導とは何だったのか——方法としての主題へ——

「文学教育における主題指導の有効性　上」『日本語と日本文学』第五号　筑波大学国語国文学会編　一九八五年一一月、「文学教育における主題指導の有効性　下」『人文科教育研究』第一四号　人文科教育学会編　一九八七年九月

おわりに

数年前、私はある大学院で集中講義を担当しました。そのとき、若い受講者が口をそろえて言ったことが強く心に残っています。いろいろな理論を読んだり、現職の先生方の実践報告に触れたりすることは多いけれど、それらはその中で完結していて、私たちが生きていくこととは結局関係がない、そんな内容のことでした。国語科に限らず教科という枠ができると、その中で自足する論理がどんどん増殖して、精緻さが増す一方、学ぶことの根っこの部分は忘れられがちになるような気がします。授業としては、たしかに良さそうだけれども、少し退いて考えてみると、それってどういう意味があるのだろう？　とちょっと訝しく思ったりすることはないでしょうか。若い受講者たちは、そういうところに、何か虚しいものを感じていたように思います。

実は私自身も、似たような感じをもったことがあります。それは、私が文部省に勤務し、いやというほど教科書を読んでいた折り、とくに高校の教科書教材から強く感じたことです。生徒は、なぜその教材を読まなければならないのか。あるいは何の脈絡もないままそれを彼らに読ませることは一種の暴力ではないか。そしてもし、他の教科も似たようなことをしているとすれば、毎日、五時間も六時間もまったく納得がいかないまま、じっと耐えて座っている彼らは、なんと辛抱強いことか。そう感じたのです。とは言え、これを以て直ちに教科書やカリキュラムが悪いなどと言うつもりはありません。そうではなく、それらと子どもたちの関係をいかに築くか、そこのところがあまりにも軽視されていると、かつて高校教師であった私は、我が身を振り返りつつ痛切に感じたのです。そして遅蒔きながらこのときはじめて、私は国語教育という営みに、本当の意味で、興味をもつことができたような気がしました。

いま学校は、いじめや不登校、学級崩壊、再び増加しつつある校内暴力など多くの問題を抱えて喘ぎ苦しんでいます。しかしながら、学校教育でいちばん大切な場面が各教科の学習であることに変わりはないでしょう。それはたんに、学校は勉強するところだ、という意味だけで言っているのではありません。いじめや不登校などの問題も、実は日々の教科学習の中にこそ胚胎していると思うからです。つまり、各教科学習と子どもたちの生きることとがうまくつながっていない、あるいは各教科学習にどんな意味があるのか子どもたちには分からない、そういう子どもと学習との間の溝がどんどん広がりつつある、それが先のような問題を生む一因となっているように思うのです。そしてそれは、近年やかましく言われ出した学力低下問題ともおそらくは関係しているはずです。「はじめに」で、本書の意図が「他者」をキーワードとして国語教育を再検討することにあると述べましたが、その背景には、こうした私の現状認識がありました。

ところで、本書が刊行できましたのは、右に述べたような経験にもよりますが、恩師をはじめ実に多くの方々のご指導やお励ましに支えられてきたからであることは言うまでもありません。筑波大学の大学院でご指導下さった湊吉正先生、高森邦明先生、桑原隆先生には、流行に流されずに、大切な問題をじっくりと見つめることの大切さをお教えいただきました。とくに湊先生からは、国語教育という枠組み自体を問わなくてはいけない、とのご指導をいただきましたが、本書は私なりのそのささやかな実践でもありました。また桑原先生には、昨年度、内地研究の機会を与えていただき、主要な研究テーマは別のものでしたが、本書はその折りの成果の一部でもあります。さらに私がもとは日本文学専攻だったこともあり、日本文学がご専門の伊藤博先生、平岡敏夫先生、谷脇理史先生、日本語学がご専門の森野宗明先生、北原保雄先生、中国文学がご専門の向嶋成美先生からは、学生時代から今日に至るまで、言葉との向き合い方の基本を折りに触れてはご指導いただき、それが本書の基礎となっていることは申すまでもありません。

また同僚の府川源一郎先生からは本書をまとめる上でのよいヒントをいただき、昨夏急逝された平田喜信先生からは拙論をまとめるよう何度も勧めていただきました。さらには、私がはじめて教壇に立った都立高校のみなさんとの交流も、私の原点として忘れがたい経験ですが、とくに校長であった金子泰三先生からは、私が研究者の道へと進むことを公私にわたってご支援をいただき、深く感謝申し上げたいと思います。

さらに、直接存じ上げる前から拙論の多くに目をとめてご批評を下さった渋谷孝先生、「他者」概念を早くから国語教育に導入しながら絶版で入手できなかったご著書を提供下さった田近洵一先生、近代文学がご専門であるにもかかわらず、拙論にたびたびあたたかいコメントをおよせ下さった田中実先生、田中先生とともに文学教育の在り方に鋭い批判を展開されている須貝千里先生にも、いろいろな折りに勇気づけていただきました。とくに田中先生、須貝先生のご研究は、本書のテーマとも深く関わるものでありながら、それを十分に吸収できないまま、本書を刊行することは、たいへん心残りですが、それは今後の大切な課題とさせていただきたいと存じます。

最後になりましたが、本書を刊行するに当たっては、大修館書店の南和さんに多大なご尽力をいただきました。この出版事情の厳しい時代に、少々理屈っぽい本書を出すため、南さんにはたいへんなご苦労をおかけしました。ここに記して深く感謝を申し上げたいと思います。

二〇〇一年四月

髙木まさき

索　引

高木　まさき（たかぎ　まさき）

1958年，静岡県静岡市（旧清水市）に生まれる。

筑波大学大学院博士課程中退。都立高校教諭，上越教育大学講師，(旧)文部省教科書調査官を経て，現在，横浜国立大学教授。

文部科学省「学びのイノベーション推進協議会」委員，全国大学国語教育学会理事，日本国語教育学会常任理事，日本読書学会理事，日本NIE学会常任理事などを歴任。

主な著書
『情報リテラシー　言葉に立ち止まる国語の授業』（編著　明治図書 2009年)，『国語科における言語活動の授業づくり入門』（教育開発研究所 2013年)，『はじめて学ぶ 学校教育と新聞活用　考え方から実践方法までの基礎知識』（編著　ミネルヴァ書房 2013年）など。

「他者《たしゃ》」を発見《はっけん》する国語《こくご》の授業《じゅぎょう》

NDC375/252p/19cm

初版第１刷――2001年６月10日
　　２刷――2015年９月１日

著者　高木《たかぎ》まさき
発行者　鈴木一行

発行所　株式会社　大修館書店
113-8541　東京都文京区湯島2-1-1
電話　03(3868)2651(販売部)／(3868)2291(編集部)
振替　00190-7-40504
［出版情報］http://www.taishukan.co.jp

組版・印刷／文唱堂印刷　製本／司製本
装丁／中村友和(ROVARIS)
Printed in Japan　ISBN978-4-469-22155-8

大修館国語教育ライブラリー

府川　源一郎　著

消えた「最後の授業」
――言葉・国家・教育――

かつてあれほど多くの教科書に採用されていたドーデの短編「最後の授業」は、86年を境に姿を消した。その間の事情を追跡しつつ、奥に潜む問題に肉迫する力作。

四六判・並製・三一四頁　本体二、三〇〇円

鳴島　甫　著

俳句による

〝レトリック〟原点からの指導

俳句にちりばめられた表現のおもしろさをときあかしながら、レトリックとは何か、その原点を考える。創意に満ちた授業実践例をまじえて、生徒の心をとらえる新しい表現指導を提唱する。

四六判・並製・二三二頁　本体一、六〇〇円

安居　總子　著

授業づくりの構造

生き生きとしたことばの学び手を育てるためには、国語教師は授業をつくる職人でなければならない。真の授業を創造するためのこころと技を解き明かす。

四六判・並製・二八〇頁　本体一、九〇〇円

江川　順一　著

最北端の漢文教室から

授業を離れた時の生徒たちの活力を、授業の中に持ち込ませることができれば、教室はもっと楽しい場所になるはずだ！　日本最北端の町、稚内の職業高校で行われた、型破りな授業の記録。

四六判・二五六頁　本体二、〇〇〇円

小林　一仁　著

バツをつけない漢字指導

漢字のテストで、教師は、微細な点について当然のようにバツをつけてはいないだろうか。国語科教育のベテランが、漢字嫌いにさせないための、指導・評価の改革を展開する。

四六判・二八八頁　本体一、九〇〇円

小田迪夫・枝元一三　編著

国語教育とＮＩＥ

――教育に新聞を！

ＮＩＥとは、教育界と新聞界が協力して、新聞を教育に有効に活用しようとする試みである。情報教育の決め手とも言われるＮＩＥを、実践記録を中心にして紹介する。

四六判・二五六頁　本体一、九〇〇円

野村敏夫　著

言葉と心が響き合う表現指導

――主体交響の国語教育――

生徒たちにとって、表現することとはどういう意味を持つのかを問いかけながら、一過性には終わらない新しい表現指導のあり方を提唱する。

四六判・二八八頁　本体二、二〇〇円

定価＝本体＋税